시공간을 넘어선

대광명

관음선(觀音禪) 수행법

시공간을 넘어선 대광명

관음선(觀音禪) 수행법

1판 1쇄 펴낸 날 2015년 7월 9일(관음재일)

지은이 석암 **발행인** 김재경 **기획·편집** 김성우 **교정·교열** 이유경 **디자인** 최정근
마케팅 권태형 **인쇄** 해인프린팅

펴낸곳 도서출판 비움과소통 서울시 구로구 구로동로 206, 1층 **전화** (02)2632-8739
팩스 0505-115-2068 **이메일** buddhapia5@daum.net **트위터** @kjk5555 **페이스북 ID** 김성우
홈페이지 http://blog.daum.net/kudoyukjung **출판등록** 2010년 6월 18일 제318-2010-000092호

ⓒ 석암, 2015
ISBN : 978-89-97188-74-1 03220

시공간을 넘어선
대광명
관음선(觀音禪) 수행법

석암 지음

비움과소통

책머리에

소납은 마음을 닦는 수행자입니다. 스님들이 갖는 주업(主業)의 부류는 많습니다. 수행승, 역경승, 행정승, 포교승, 교수승, 정치승, 불사승(佛事僧), 신이승(神異僧) 등이 그것입니다. 이 많은 승려들의 주된 삶에서 자신이 바라고, 자신의 근기와 재능에 알맞은 업을 찾고 추구해나가기는 그렇게 쉬운 일만은 아닙니다.

대부분 처음 출가해서는 수행하여 나의 악업(惡業)을 깨끗이 한다거나, 불·보살이 되어 해탈락을 누리고 중생을 교화하고자 뜻을 세운 스님들도 많이 계셨을 것입니다. 그러나 수행자의 길이 적성에 맞지 않아서, 혹은 뜻에 걸맞게 실천이 없고, 근기가 따라주지 않기에 중도에 포기하고 다른 쪽으로 방향을 잡아 돌아서는 스님들도 많습니다. 또 수행에 있어서도 방법과 방향과 방습(方習)도 수없이 많기 때문에 이런 일에 중심을 잡지 못하고 방황하기도 하며, 허송세월을 보낼 수도 있습니다. 이런 것을 볼 때 수행의 길에 길잡이를 해주는 스승의 존재감은 하늘보다 크다 하겠습니다.

나는 이런 사항을 감안할 때 참으로 운이 좋은 사람입니다. 출가해서

계를 받고 얼마 후 본격적인 수행자의 삶을 이어나갔습니다. 출가이전 세속에서도 단전호흡의 수행을 했었고 어느 정도 체험을 하였지만 불도는 처음이었습니다. 기도수행에 첫발을 내민 나는 기도 방법은 잘 몰랐어도 나름대로 열심히 하였습니다.

온 몸과 마음을 던져가며 정진하던 나는 지금까지 체험하지 못했던 수많은 신이(神異)를 체험하였으며, 마음의 맑음과 희열을 느꼈고, 몸은 날아갈 듯 가벼웠습니다. 이렇게 시간이 지나감에 나를 눈여겨보았던 노스님의 지도를 받게 되었습니다.

노스님은 큰 바위 밑에 움막을 짓고 오랫동안 홀로 정진하는 스님으로 신통력이 있는 스님이었습니다. 스님께서 늘 하시는 말씀이 '다른 곳에 정신 팔지 말고 항상 간절히 관세음보살을 염하라'는 것이었습니다. 그리고 '시간 나는 대로 늘 염주를 돌리라'고 가르치셨습니다. 며칠 후 기도를 마치고 법당에 앉아 재를 지냈고 그때 마침 조릿대의 이파리가 바람에 세차게 흔들려 허공이 서로 비벼지는 소리를 듣고 깜짝 놀랐는데, 염불소리와 춤추는 듯 흔들리는 조릿대와 바람이 융합되어 하나가 되는 것이었습니다. 그것이 밖의 일이 아니고 내 안의 일이라는 것을 알아차리는 순간 번뇌가 사라지는 적멸(寂滅)의 시기가 찾아오니, 세상에서 이 공부가 제일이라는 것을 깨닫고 나는 일심칭명 수행을 꾸준히 이어서 한 길을 걸어가고 있습니다.

때로는 수행자의 삶에서 행복감에 취하여 몇날 며칠을 미친 사람처럼 웃기도 하고, 울기도 하며, 춤을 덩실덩실 추어대는 기인(奇人)을 자처하였고, 수행에 진취가 없어 자신에 대한 미움이 걷잡을 수 없을 정도로 사로잡혀 전국을 만행하며 아상(我想)을 죽이려 미련한 짓도 서슴지 않았으며, 별것 없는 수행의 힘을 애써 감추려고 하였습니다.

수행자는 자신의 수행에 확신이 서야 합니다. 확신이 서야 수행에 정성과 열정이 붙어 성공에 이르는 것입니다. 천 성인이 틀렸다 말해도 배짱과 뚝심으로 자신의 진실한 소신을 밀어붙여야 합니다. 편협심과 집착에서 나오는 소신이 아니라 경전에 근거하고 체험에 의한 확실한 주관이 서야 한다는 것입니다.

불교의 귀결점은 결국 자성(自性)에 있습니다. 선(禪)과 경(經)과 율

(律)이 돌아갈 곳은 자성이라는 말입니다. 즉 자신의 성품을 보는 견성(見性)의 법이야말로 수많은 사람들을 깜깜하고 칙칙한 삼독(三毒)의 동굴에서 이끌어 내어 자비와 지혜 그리고 대광명의 마음을 회복하는 위대하고 걸출한 지표인 것입니다. 석가세존의 수많은 진리의 명언 중에 나는 단연코 '모든 중생에게 불성이 있다'라는 말씀을 꼽을 수 있습니다. 이 진리는 모두에게 평등과 평화 그리고 행복을 넘어서는 해탈이라는 거룩한 현실을 제시해주고 밝은 세상으로 이끌어 다시 태어나게 하는 것이 아닙니까.

방법론적으로 '관세음보살' 일심칭명이야말로 가장 우수하고 독보적인 불법수행을 차지한다고 생각해 왔었고, 모든 참선법을 아우르면서 염불을 하는 자신의 힘과 관세음보살의 힘을 부여받아 만 사람이 닦으면 모두 깨달음과 가피가 충만한 '관음선'이야말로 지금 물질만능으로 흐르는 정신이 나약한 시대에 알맞은 수행으로 적합하다는 소신으로 실천하고 체험하며 펼쳐왔던 것입니다.

이 책은 마음수행이라는 조금은 어렵고 무거운 분야를 좀 더 쉽게 설명하려고 하였으며, 딱딱한 분위기를 애써 외면하려고 문답 형식을 사용해 왔으나 필자의 매끄럽고 화려하지 못한 글 솜씨로 독자에게 오히려 부담감을 주지 않았나 생각합니다. 본문 중에 한결같은 표현을 쓰지 못하고 붓다와 부처님, 관세음보살과 관음 등의 명호를 쓴 것은 글의 상황과 현실에 따라 달리 표현한 것이니 이해해주시기 바랍니다.

평소에 불법의 수행은 크게 신심과 원력과 정진이라는 삼박자가 서로 맞물려 굴러가야 올바른 마음에 꾸준한 수행이 이루어진다고 생각해왔었습니다. 요컨대 이 한 가지도 갖추기도 어려운 것이 현실인데, 세 가지를 갖추라는 것은 너무 어려운 요구가 아닌가 하는 생각이 들 것입니다. 그러나 이 세 가지를 갖추어야 바른 길을 가며, 바른 깨달음을 얻을 수 있으며, 올바르게 교화를 할 수 있는 것입니다. 단지 신심만 갖춘다면 나머지 부분은 모두 따라오는 것이고, 셋 중에 하나만 실천한다 하더라도 둘은 자연히 따라오기에 처음부터 너무 어렵게 생각하지 말기를 바랍니다.

모든 것은 실로 무상(無常)의 협연(協演)입니다. 잠시라도 붙잡았다

싶으면 이내 사라지고 마는 것이 진실입니다. 세상의 물질과 몸과 마음 그리고 공간이 무상의 협연에서 벗어나질 못합니다. 이 무상의 협연에서 우리들은 무엇을 할 것인가? 마음으로 세상을 바라보고, 진심으로 사람을 대하며, 마음으로 읽어내고, 마음에 대하여 사유하고, 내면을 등지지 않아 마음수행을 해나가는 이것. 예부터 해오던 일이었습니다.

지금 바로 다리 밑을 보십시오.

삼천대천세계의 현현이라네.

불기 2559(2015)년 봄이 다다른 이른 아침
사명산 염화실에서 비구 석암

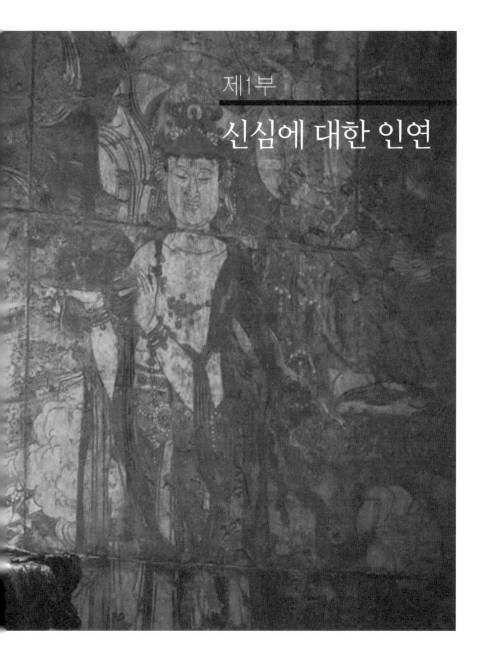

제1부

신심에 대한 인연

신심(信心)으로 회귀(回歸)

우리들은 봄날 햇살에 비쳐진 포근하고 따뜻한 마음과 사납고 고집스러우며 황소처럼 물러서지 않고 끊임없이 도전하는 여름의 정열, 그리고 만물을 성숙시키는 가을바람의 자비스러운 배려와 지난날을 다시금 돌아볼 수 있는 겨울의 혹독하고 서러운 시련의 마음을 저마다 가지고 있습니다.

맑고 밝은 허공에 태양이 뜨는 본래 마음자리에 걸출한 바람이 불어 희 · 로 · 애 · 락의 적정한 온도를 맞추어 나가는 것이 우리네 인생인 것입니다. 본래 이런 청명(淸明)한 마음자리에 수 없는 생을 윤회하면서 습(習)으로 익힌 온갖 것들을 집착하여 내 것으로 삼으니 피할 수 없는 숙명적 고통을 받아들여야 하는 일들은 어찌 보면 나의 선택적 삶이었습니다.

우리 모두의 본래 모습은 형상이 있고 없고를 떠나 광활한 우주의 주인이었으며 금 씨줄로 서로를 이어져 나가는 한 몸뚱이었고 만물을 포용하는 붓다 그 자체였습니다.

　문득 끝없는 욕심을 내어 번뇌 망상을 만들고 추잡스런 생각들은 나라는 강한 이기심의 집을 지어나갔고, 좀처럼 깨지지 않는 옹벽 같은 이기심의 집착 속에서 빠져나오지 못하니 행복 속 평화와 니르바나는 점점 멀어지게 되었던 것입니다. 그러니 맑고 밝은 허공에 신령스러운 태양이 너와 나를 비추는 지극히 고요하고 아름다운 평화는 남의 일이 아니라 우리들이 다시 찾아야 하는 일생일대의 과제인 것입니다.

　인위적인 작업을 통해 무엇을 만들어 내는 것이 아니라 원래 갖추어져 있고 물들지 않는 순수자연의 그윽한 마음을 회복하자는 것입니다. 자신의 근본 성품을 되돌려서 본래 자리에 갖다 놓자는 것입니다. 그 방법으로는 번뇌 망상을 돌려 청명한 하늘에 시원한 바람이 다시 불어오게 하고, 정견(正見: 올바른 견해)·정사유(正思惟: 올바른 사유)·정어(正語: 올바른 언어)·정업(正業: 올바른 행동)·정명(正命: 올바른 생활)·정정진(正精進: 올바른 노력)·정념(正念: 올바른 각인)·정정(正定: 올바른 정신집중)이라는 팔정도의 신령스러운 태양이 굳게 자리를 잡고 만천하를 비추게 하는 것입니다.

　연어는 알에서 부화되어 몇 주간을 자신이 태어난 민물에서 유영하며 살다가 바다에 나아가 삼사년을 자랍니다. 바다에서 몸과 마음을 성장시키고 성숙시킨 연어는 일생일대의 기나긴 여정을 통해 그가 태어난 민물로 다시 돌아와 온힘을 다해 자기의 분신을 만들어놓고 한생을 마감합니다. 연어의 회귀본능은 고향을 그리워하는 강한 향수의 마음이 만들어내는 고귀한 생명의 결작 드라마인 것입니다. 자연이 빚어내고 만들어진 웅장하고도 엄숙한 파노라마의 향연인 것입니다.

우리들도 연어의 회귀본능처럼 태어난 고향, 부모님께 태어나기 전의 모습으로 돌아가고 깨닫는 것은 선택이 아니라 숙연이고, 한생을 마감하기 전의 꼭 이루어야 할 일생일대의 대작 프로그램입니다.

"이제 우리들이 이루어야 할 일은 마음의 근원으로 들어가 붓다를 회복하는 일입니다."

일생 동안 수억 만금의 재산을 모았다 한들 그 재산을 지키려다 애간장을 녹이다가 큰 근심에 빠질 것이며, 늙어서 처자식과 권속들이 많다 한들 동상이몽의 다른 생각을 가지고 있으며, 오랜 병고에 지친 그들은 끝까지 나를 지켜 주겠습니까?

앞으로는 걱정하고 위로하는 듯이 하지만 뒤로는 나의 재산을 헤아리고 있는 것은 슬픈 현실의 악상이며 마지막 죽음의 문턱에서 누구하나 힘이 되지 못하는 것은 자명한 사실이 아니겠습니까?

이제 붓다를 회복하는 일에, 마음의 고향으로 돌아오는 여행 과정에서 우리들은 진리의 기쁨에 젖어 마음이 동화되어 콧노래와 더불어 화통하게 웃어 제치며 신명나는 춤을 출 때도 있을 것이고, 오르지 못할

것 같은 큰 산 밑에서 고난과 고통을 느끼며 괴로워서 눈물 흘리는 날도 있을 것입니다.

고지를 뺏고 뺏기는 치열한 전투에서 마침내 아집과 법집의 가파르고 거대한 악산(惡山)을 정복하여 진공묘유의 깨달음을 얻어낸 그들은 파안대소의 해탈과 평생에 맛보지 못할 평화의 즐거움을 만끽할 것입니다.

파안대소의 해탈과 평화 속 환희의 즐거움을 만끽하기 위해서는 먼저 붓다의 자리, 마음의 고향, 우주생명의 근본자리를 인정하고 믿는 마음가짐이 필요합니다.

나의 마음이 붓다와 조금도 다름이 없고, 맑고 밝은 허공에서 신령스러운 바람이 일렁이는 곳이 내가 찾아야 할 마음의 안식처이며, 반야라는 진공의 대우주 속에 바라밀이라는 상상하지 못할 정도의 묘유(妙有)의 세상이 펼쳐져 있다는 사실을 인정해야 할 것입니다.

큰 신심(信心)에서 큰 깨달음이 있고, 작은 신심에서 작은 깨달음을 이루어내기 때문입니다.

붓다는 『법구비유경』 「독신품」에서 강조합니다.

"확실한 믿음과 정성은 괴로움을 여의고, 거룩한 분의 칭찬을 받으며, 큰 깨달음을 얻어 생사의 깊은 못을 건너 피안에 도달한다고 하였다."

『화엄경』과 「대지도론」에서도 붓다의 세계와 대도(大道)에 들어가기 위해서는 오직 믿음의 힘만이 가능하다고 힘차게 역설적으로 말씀하셨습니다.

옛날 어떤 사람이 극락세계가 있다는 말을 듣고 자신도 극락세계에 가고 싶어 했으나 누구하나 일러주는 사람이 없었습니다. 그래서 보는 사람마다 극락세계에 가는 방법을 물었습니다.
"극락세계에 가는 방법이 무엇입니까?"

어느 날 어떤 돌중이 부려먹기 좋을 것 같아서 그 사람에게 다가가 이렇게 말하였습니다.
"내가 시키는 일을 10년 동안 하면 극락세계에 가는 방법을 알려드리리라."

그 사람은 그 돌중 밑으로 들어가 10년 동안 머슴으로 열심히 살았습니다. 그 사람으로 인해서 돌중은 부자가 되었고, 어느덧 10년이 다가왔습니다.
그 사람이 돌중에게 말하였습니다.
"이제 10년이 다 됐으니 극락으로 가는 방법을 알려주시오."

이에 돌중은 절벽 위에 소나무 가지가 밖으로 나온 것을 보고 양손으로 그 소나무 가지를 잡고 내가 시키는 대로 하라고 일러 주었습니다.

머슴은 돌중 말을 곧이곧대로 믿고 절벽 위로 올라서서 소나무 가지를 잡고 매달려 있었습니다.

밑에서 돌중은 큰 소리로 소리쳤습니다.

'한손을 놓아라.'

사나이는 오른손을 놓았습니다.

"마지막 한 손을 놓으면서 나무아미타불을 불러라."

그 사람이 마지막 한 손을 놓고 땅으로 떨어지면서 나무아미타불을 불렀습니다. 그때 하늘에서 오색광명이 찬란히 그를 비추더니 아미타불과 협시보살들이 구름을 타고 오면서 떨어지는 그 사람을 받아가지고 얼른 하늘로 자취를 감추어 버리는 것이었습니다.

이 광경을 목격한 돌중은 너무나도 기가 찼습니다. 자신이 한 거짓말이 들통날까봐 죽이려고 한 것인데, 내가 진짜 극락 가는 법을 알고 있었구나!

이제 나도 극락에서 살아보자는 생각에 돌중은 어느새 소나무 가지를 잡고 있었습니다.

"한 손을 놓아라."

마지막 한손을 놓으면서

"나무아미타불"

그 돌중은 절벽에 떨어져 죽었다고 합니다.

이 이야기는 자못 우스운 이야기로 들릴지 모르겠지만 신심은 수행자에게 없어서는 안 될 가장 중요한 요소입니다.

한 사람의 순수한 믿음이 하늘을 감동시켰고 하늘마저 감동시킨 순수한 믿음에서 나온 단 한 번의 아미타불 염불로 극락세계에 왕생하였던 것입니다.

우리는 여기서 한 번 곰곰이 생각해 보아야 합니다. 지극히 순수하고 걸출한 마음을 만들기 위해서는 적어도 10년은 걸린다는 것입니다. 10년의 세월동안 바보처럼 인내하며 믿고 복을 지었기 때문에 훌륭한 신심의 마음을 얻었고, 뛰어나고 훌륭한 마음 바탕에서 나온 단 한 번의 칭명염불이 일심이 되었으며, 곧 바로 아미타불의 마음에 닿아 살아서 극락세계에 왕생하게 된 것입니다.

붓다에 대한 무한한 신뢰가 올바른 신심입니다.

붓다의 전생을 보면 수없는 생을 윤회하면서 욕심을 버리고 수행 정진하였습니다. 그 때문에 정각(正覺)을 이루었고 지혜와 자비를 태산같이 쓰면서 우리들을 교화해 왔습니다.

붓다가 깨달은 진리에 대한 무한한 신뢰가 올바른 신심입니다.

붓다가 깨달은 진리는 모아 두면 일체유심조(一切唯心造: 모든 것은 오로지 마음이 지어내는 것이다)이고, 펼쳐놓으면 진공묘유(眞空妙有: 참된 공에는 묘한 현상이 일어난다)입니다. 이는 역사상 나타난 모든 성인 중에서 붓다가 가장 깊고 넓은 진리를 발견하셨던 사실입니다.

나를 비롯한 우주진여(眞如)의 모든 만물이 붓다와 다름이 없다는 것을 믿는 것입니다.

수행과 법을 펼치는 붓다의 제자에 대한 무한한 신뢰가 올바른 신심입니다.
붓다의 제자를 신뢰하는 것은 붓다에 대한 신심이나 마찬가지입니다.

신심은 깨달음이며 모든 공덕의 에너지입니다. 긍정적이고 좋은 마음으로 적극적이고 주체적인 인생을 살아갈 것입니다. 모든 것을 이루어 내는 원초적인 힘인 것입니다. 신심 앞에선 모든 허물이 녹아 사라져 버리고 따스한 봄날에 아지랑이가 피어오르듯 지평선엔 갖가지 꽃들이 꽃망울을 활짝 터뜨려 꽃향기와 더불어 만발 가득한 세상을 기다리고 있습니다. 청정한 신심에는 숭고한 연꽃이 힘차게 피어나는 것입니다.

이렇게 신심은 중요합니다. 마음은 어떤 어려움에도 흔들리지 않는 결정된 믿음이 없으면 아무것도 이룰 수 없습니다. 마음을 닦아 공덕을 이루고, 복을 짓는 일, 사람들과의 신뢰, 정치와 사회적인 일들이 모두 믿음에서 비롯될 수 있습니다.
신심에서 도가 이루어진다 할 수 있습니다. 신심은 가장 첫 번째 다져야 할 기초입니다. 기초가 얇고 다져지지 않으면 수행의 진도는 나아가기 힘들고 장애에 부딪칩니다. 반면 신심의 기초가 깊고 굳건하다면 그 수행은 올바른 길을 걸어갈 것이고 마침내 정각을 이루어 만 중생을 교화할 것입니다.

『대승기신론』 수행신심분에서는 신심을 간략하게 사신(四信)으로 말하고 있습니다.

· 첫째는 근본을 믿는 것이니, 이른바 진여를 즐거이 생각하기 때문이다.
· 둘째는 붓다에게 무량한 공덕이 있음을 믿는 것이니, 항상 가까이 하고 공양하고 공경하며, 선근을 내어 일으키고, 일체지(一切智)를 구하기를 원하기 때문이다.
· 셋째는 법(法)에는 큰 이익이 있음을 믿는 것이니, 항상 모든 바라밀을 수행하고 생각하기 때문이다.
· 넷째는 스님은 능히 올바른 수행을 하면서 자리이타(自利利他)를 행함을 믿는 것이니, 항상 즐거이 모든 보살들을 가까이 하고 교법대로 수행을 배우고 구하기 때문이다.

신심은 수행자에게 기본이면서 최후의 보루입니다. 신심이 사라지면 수행의 의욕도 사라지고 눈에는 희뿌연 안개가 자욱할 뿐입니다. 우리 중생들은 신심에 대한 확고한 결단력이 부족하기 때문에 항상 신심을 끌어올리는 자정운동(自淨運動)이 필요합니다.

자정운동을 크게 두 가지로 나누면 이러합니다.

첫째는 수행이요,

둘째는 보시입니다.

마음 안의 고요한 행복과 평화를 등지고 밖의 세상으로 마음을 쓰니 탐심과 성내는 더러운 마음 등이 자리를 잡고 있어 청정한 신심을 잃어 가고 있는 것이 현실입니다. 그래서 하루하루 짧은 시간이라도 빼먹지 말고 수행하게 되면 신심이 잔잔하게 이어져 나가게 될 것입니다. 어떤 조건에 의하여 신심을 잠시 잃어버렸다 해도 신심이란 것도 결국 나의 마음에서 나오기 때문에 머지않아 수행의 힘을 다시 찾아 이어져 가게 되는 것입니다.

보시는 수행의 전진과 신심을 굳게 하는 지름길입니다. 진정한 수행자라면 남을 위한 보시를 가볍게 여겨서는 안 됩니다. 겉치레가 아닌 참된 보시에서 진정한 신심과 수행의 꽃은 반드시 피어날 것입니다.

힘들고 어려운 이웃과 수행자들에게 재시(財施)·법시(法施)·무외시(無畏施)를 순수한 마음으로 자신의 능력에 맞게 정성껏 보시하는 수행자는 신심을 먹고 사는 법왕자요, 결정코 불도를 이루어내는 자성의 주인공이라 할 수 있습니다.

『보살영락본업경』에서도 신심의 중요성을 역설합니다.

"처음 삼보(三寶, 불법문중)의 바다에 들어와서 중생들은 먼저 신심이 근본이다."

부처님의 자비광명은 사사로움 없이 비쳐주지만 신심이 있는 자, 믿음이 있는 자에게 붓다의 자비광명이 먼저 비추어지고 다음에 인연이 있는 자에게 비추어지는 것입니다. 태양이 뜨면 높은 봉우리를 먼저 비추고 차례로 이어져 나가는 것을 볼 수 있을 것입니다. 신심은 불자들의 우선하는 마음가짐임을 항상 명심해야 합니다.

신심은 불교와 수행의 기초이고 근본이기 때문에 항상 잃어버리거나 엷어지지 않도록 끊임없이 자신을 살펴 보전해 나가야할 것을 명심해야 합니다.

선(禪)의 울림

선의 문헌적 뜻은 dhyāna의 음역으로 정(定)·정려(精慮)·사유수(思惟修)·선정(禪定)·삼매(三昧) 등으로 한역을 합니다. 마음을 하나의 목적에 집중시켜 놓고 몰입하여 지혜와 자비를 몸과 마음에 물들게 하는 것입니다.

선(禪)을 한마디로 말하자면 일심(一心)입니다.

오랜 세월 동안 어둡고 번민스러운 마음을 되돌려 곧 바로 일심(一心)에서 한 번 확철대오(廓徹大悟)하고, 영생불멸하는 우주의 생명과 붓다의 근본인 진공묘유(眞空妙有)의 깊고 높은 진리와 나의 성품이 다르지 않음을 깨달아. 자신의 성품을 다시 회복하는 일입니다.

그러기에 선은 철저히 자기 자신의 일입니다. 선은 스스로 자신의 마음을 곧 바로 내다봐야 하기 때문에 다른 사람에게 전가하여 대신 닦아

준다든가. 다른 이의 수행력을 내 것으로 만들 수 없는 일입니다. 오로지 홀로 내다봐야 하기 때문입니다.

　우선 선(禪)이란 글자를 살펴보면, '보일 시(示)' 자와 '홀 단(單)' 자의 합성어입니다. 자동사 '보다'의 피동은 '눈에 뜨이다'로 '자기 자신이 스스로를 홀로 살펴볼 때 마음이 눈에 바라보인다'란 뜻입니다. 그래서 중생들은 마음 밖의 물질을 바라보지만, 성인들은 마음 안의 근본 성품을 바라봅니다. 인류의 행복과 평화의 미래는 자신의 마음을 바로 볼 줄 아는 데에 있습니다. 마음을 보아 절제하며 정제하고, 마음 안에서 인류를 지키려는 배려와 자비심을 이끌어 내야 합니다. 마음을 또렷이 알고 바로 살펴보아 더러움에 물들지 않는 자신을 지키는 자가 인류의 밝은 미래를 이끌어 갈 것입니다.

　명나라 학자 여곤(呂坤)이 쓴 「신음어(呻吟語)」에는 이런 내용이 있습니다.

　造化之精(조화지정)
　性天之妙(성천지묘)
　唯靜觀者知之(유정관자지지)
　唯靜養者契之(유정양자계지)

　우주자연의 정묘함과

성품과 하늘의 오묘함은

오직 고요하게 바라보는 자만이 알 수 있고

오직 고요하게 기르는 자만이 계합할 수 있다.

자신의 마음속을 깊고 넓게 그리고 고요히 기르고 바라보는 신령스러운 심안(心眼)이 온전하게 열려 대우주와 나와의 합일(合一)이 이뤄질 때가 선(禪)의 클라이맥스입니다. 인간 세상의 고난과 고통의 해결 방안과 올바른 길을 제시해주는 것이 선이며 예과 지금 그리고 미래의 역사를 하나로 묶는 통석 매개체가 선입니다.

우리들이 알고 있는 선(禪)은 선이 꽃피워낸 르네상스의 산물입니다. 선이란 말은 중국에서 나온 말입니다. 선은 인도에서 시작되어 중국에서 완성된 새로운 불교의 형태입니다. 중국에서 선이 시작되면서 불교는 과도기로 접어들어 독특한 형태로 발전하여 불법을 이끌고 가고 있습니다.

선은 깨달음의 정도에 따라 의리선(義理禪)·여래선(如來禪)·조사선(祖師禪)의 세 가지로 나눌 수가 있습니다.

의리선이란 경전이나 선의 이론을 보고 글자로 터득하는 일종의 이론선(理論禪)을 말하고, 여래선은 제불(諸佛)의 십지법문에서 가장 으뜸 가는 『능가경(楞伽經)』에서 근거한 선입니다. 『능가경』 중에 여래선이란 '여래의 청정하고 미묘한 성품을 크게 깨달아서 여래법신(如來法身)을 얻는다'는 의미로서 여래청정선(如來淸淨禪)이라 이릅니다.

규봉은 여래선을 교선일치(敎禪一致)라 주장하여 달마가 전한 최상 승선이라 하였습니다. 자못 여래선은 문자의 알음알이라는 이론에 떨어져 달마가 전한 진실한 최상승선에 도달하지 못한 것이라 비판하여 나타난 선이 바로 조사선입니다.

조사선은 여래선의 배대해서 나온 말입니다. 달마가 서쪽으로 와서 조사가 조사에게 전한 심법(心法)의 돈오(頓悟)를 강조하였고, 불립문자(不立文字)·직지인심(直指人心)·견성성불(見性成佛)의 특색을 드러내고 있습니다.

선에는 원래 간화선(看話禪)·묵조선(默照禪) 그리고 염불선(念佛禪) 등 일원다발적인 말은 없었습니다. 그러나 후대에 이르러 중국에서 방법론적으로 독특하게 탄생하고 발전한 선들이 이어져오고 있는 것은 사실입니다.

그렇다면 어떤 것이 마음법을 이은 정통선(正統禪)이라 할 수 있겠습니까?

석가모니불을 교주로 전등법맥은 서천(西天)의 제1조인 마하가섭, 제2조인 아난다 … 제12조인 마명, 제14조인 용수 … 제21조인 바수반두로 이어집니다. 그리고 제28조인 보리달마는 동토인 중국으로 넘어와 선종의 1대 조사가 됩니다. 그리고 중국에서 선이 꽃피어 2조 혜가, 3조 승찬, 4조 도신, 5조 홍인, 6조 혜능이란 분들이 공식적으로 선의 법맥을 이어나갑니다.

석존은 영산회상의 염화미소(拈華微笑) 설법에서 가섭존자만이 석존의 꽃을 들고 미소 짓는 이유를 알기에 나의 정법안장(正法眼藏) 열반묘심(涅槃妙心) 그리고 이심전심(以心傳心)의 법을 마하가섭에게 전한다 하셨고, 마하가섭은 제1조가 되었던 것입니다.

정법안장은 석존이 깨달은 정법의 심법인 우주와 마음의 진리를 깨달아 증득하면 마음의 눈이 모든 것을 조파(照破)하여 미혹이 없어지는 것이고, 열반은 번뇌가 사라진 대적정(大寂靜)의 진공이요, 묘심은 마음 안에 숨어든 진리인 바라밀의 묘유라 할 수 있습니다. 그래서 열반묘심은 바로 진공묘유인 것입니다.

27조인 반야다라존자가 28조인 보리달마에게 말했습니다.

"여래께서 정법안장을 가섭에게 전했고 차츰차츰 전하여 나에게 이르렀는데, 나는 이제 그대에게 전하니 나의 게송을 들으라."

心地生諸種(심지생제종)

因事復生理(인사부생리)

果滿菩提圓(과만보리원)

花開世界起(화개세계기)

심지(心地)에서 모든 종자가 생겨나며

일(事)로 인하여 다시 이치가 생하도다.

결과가 가득하니 보리도 원만해지리니

꽃이 피고 세계가 일어남이로다.

심지(心地)는 마음의 가장 깊은 곳입니다. 유식학에서는 제8 아뢰야식(阿賴耶識, alaya-vijnana)이라고도 부릅니다. 마음의 근원적 샘이며 무의식에 해당됩니다. 제8 아뢰야식은 인간의 모든 활동을 총괄한다고 할 수 있습니다. 정(淨)과 염(染) 그리고 선(善)과 악(惡) 모두의 의지처가 되며, 마음이 정이나 염이 되고, 행동이 선이나 악이 되는 것은 그 근저에 아뢰야식이 있기 때문입니다. 그래서 아뢰야식 자체가 청정(淸淨)의 근원일 수도 있고, 오염(汚染)의 근원일 수도 있는 것입니다.

범어 아뢰야(alaya)는 '저장하다, 저장되다' 라는 뜻을 가지고 있습니다. 무엇을 저장하는 것일까? 이른바 종자(種子, bija)를 저장하는 것입니다. 우리가 일상을 통해서 하는 생각과 행동은 하나도 빠짐없이 종자로 변해 아뢰야식에 저장되는 것입니다. 이것을 이른바 종자설이라고 합니다.

'일(事)로 인하여 다시 이치가 생하도다' 란 화엄경의 '마음이 일어나면 온갖 법이 일어나는(心生卽種種法生)' 법문과 같은 것입니다. 심지(마음 땅)에 선(禪)의 종자를 심어났으니, 종자기 현행되어 싹이 트고 줄기와 잎사귀가 사방에 퍼지는 것처럼 여러 가지의 선들이 일어남을 예견한 것입니다.

"수행자의 과가 가득하니 깨달음도 원만하리라, 이로서 마음 꽃이 활짝 피어나고 세상에 선(禪)의 세계가 일어남이로다."

　스승이 보리달마에게 법을 전하며 제자의 미래를 예견한 것입니다. 보리달마가 중국으로 건너가면서 세상에 심법(心法)을 전하고 그 심법에서 진정한 수행자를 많이 배출하니 그로 말미암아 선의 꽃이 활짝 피어난 것이고, 세상에 선 수행이 널리 퍼지는, 꽃이 피고 바로 열매가 맺는 처염상정(處染常淨)의 연꽃이 피어나는 것을 이르는 말입니다.
　불교 참선수행의 정통은 이심전심(以心傳心)을 전하는 마음 안의 법(반야般若, 진공眞空)을 아는 것이 첫째요. 그 마음법 안에서 깊이 들어가 심지(心地)를 달통하고 견성(見性)하며, 우주와 마음이 둘이 아닌 진리(중도中道, 묘유妙有)를 깨달아 얻음이 둘째요. 깨달음을 더욱 굳건히 하여 그 얻은 진리를 세상에 펼쳐 전법교화(傳法敎化)하는 일이 셋째입니다.

　"6조 혜능(惠能)스님은 출가하기 전에 일찍 아버지를 여의고 늙은 홀어머니를 모시며 가난하였습니다. 땔나무를 해다 팔아서 생계를 이어가곤 하였는데, 어느 날 관숙사(官宿舍)에서 나무를 배달하고 있었습니다. 마침 한 손님이 『금강경』 읽는 것을 보았습니다.
　혜능은 한 번 들음에 마음이 밝아져 문득 깨닫고 이내 손님에게 물었습니다.
　'어디에서 오셨기에 이 경전을 가지고 읽습니까?'

손님이 대답을 합니다.

"나는 기주 황매현 동빙무산에서 5조 홍인화상을 예배하였는데, 지금 그곳에는 문인 천 여 명이 넘습니다. 나는 거기에서 오조대사가 승려와 속인들에게 권하시기를 다만 『금강경』한 권만 지니고 공부하면 곧 견성(見性)하여 바로 부처를 이루게 된다고 말씀하시는 것을 들었습니다."

나무꾼인 청년이 『금강경』을 한 번 듣고 마음이 밝아진 것은 문득 마음 안의 반야인 진공을 깨달아 느낀 것입니다. 즉 마음 안의 법(반야般若, 진공眞空)을 알아 첫 번째 일을 해 마쳤습니다.

혜능은 이 말을 듣고 숙세에 법(法)의 인연이 있어서 출가를 하고 싶었습니다. 그리고는 어머니를 하직하고 황매의 빙무산으로 가서 5조 홍인화상을 예배하였습니다.

홍인화상이 혜능에게 묻습니다.

"그대는 어느 곳 사람인데 이 산에까지 와서 나를 예배하며 그대가 지금 나에게 구하려는 것이 무엇이냐?"

혜능이 물음에 답을 합니다.

"제자는 영남 사람으로 신주의 백성입니다. 지금 일부러 멀리 와서 화상을 예배하는 것은 다른 것을 구함이 아니옵고 오직 부처되는 법을 구할 뿐입니다."

대사는 혜능을 꾸짖습니다.

"그대는 영남사람이요 또한 오랑캐 출신이니 어떻게 부처가 될 수 있단 말이냐!"

혜능이 말을 이어 갑니다.

"사람에게는 남북이 있으나 불성에는 남북이 없습니다. 오랑캐의 몸은 화상과 같지 않사오나 불성은 무슨 차별이 있겠습니까?"

대사는 함께 더 이야기하고 싶었으나 좌우에 사람들이 있는 것을 보고 다시 이야기하지 않았습니다. 그리고 혜능을 보내어 대중을 따라 일하게 하니 방앗간에서 여덟 달 남짓이나 방아를 찧고 지내고 있었습니다.

5조 홍인대사는 어느 날 문도들을 모두 모아놓고 이런 말을 하였습니다.

"생사가 큰일이거늘 그대들은 종일토록 공양하는 일과 복 받는 일만을 구할 뿐 생사고해를 벗어나려고 하지 않는다. 자성(自性)이 미혹하면 복의 문이 어찌 그대들을 구제할 수 있겠느냐?"

"그대들은 방으로 돌아가서 지혜가 있는 자는 게송 한 수를 지어 나에게 가져 오너라. 만약 큰 뜻을 깨친 자가 있으면 그에게 가사와 법을 부촉하여 6대의 조사가 되게 하리니, 빨리 서둘도록 하여라."

신수상좌(神秀上座)가 게송을 쓸까 말까 고민을 하다가 밤중에 촛불을 들고 남쪽 복도의 벽 위에 게송을 지어서 써 놓았습니다.

身是菩提樹(신시보리수)

心如明鏡臺(심여명경대)

時時勤拂拭(시시근불식)

莫使有塵埃(막사유진애)

몸은 보리의 나무요

마음은 밝은 거울과 같으니

때때로 부지런히 털고 닦아서

티끌과 먼지 끼지 않게 하라.

5조 대사가 이 게송을 보시고 제자들을 다 불러 오게 하여 게송 앞에 섰습니다.

"그대들은 모두 이 게송을 외워라! 외우는 자는 장차 견성을 할 것이며 이를 의지하여 수행하면 곧 타락하지 않으리라."

대사가 신수상좌를 따로 처소로 불러서 묻습니다.

"그대가 이 게송을 지은 것이냐? 만약 그대가 지었다면 나의 게송을 얻으리라."

신수상좌가 대답하였습니다.

"죄송스럽습니다. 실은 제가 지었습니다. 그러나 감히 조사의 자리를 구함이 아니오니, 화상께서는 자비로 살펴주옵소서."

"그대가 지은 이 게송은 소견은 당도하였으나 다만 문 앞에 이르렀을 뿐 아직 문안으로 들어오지 못 하였다. 이런 견해를 가지고 위없는 진리를 찾는다면 결코 얻지 못할 것이다."

"모름지기 문안으로 들어와야만 자기의 본성을 보느니라. 그대는 다시 돌아가서 며칠 동안 잘 생각해서 다시 한 게송을 지어서 나에게 와서 바치도록 하여라."

"만약 문안에 들어와서 자기 본성을 보았다면 가사와 법을 그대에게 부촉하리라."

신수상좌는 돌아가서 며칠이 지났으나 게송을 짓지 못하였습니다.

한 동자가 방앗간 옆을 지나가면서 이 게송을 외우고 있었습니다. 혜능은 한 번 듣고 이 게송이 아직 견성하지 못하였고, 큰 뜻을 알지 못한 것임을 알아 차렸습니다.

혜능은 동자인 선배의 인도함에 따라 조사당 남쪽 복도에 이르렀고, 곧 게송에 예배하였습니다. 그리고 글자를 알지 못하므로 한 사람에게 읽어주기를 청하였습니다.

혜능은 듣고서 바로 대강의 뜻을 알았고, 글을 쓸 줄 아는 이에게 다시 부탁하여 서쪽 벽 위에 자신의 게송을 써서 자기 본래 마음을 나타내 보였습니다.

菩提本無樹(보리본무수)

明鏡亦無臺(명경역무대)

佛性常淸淨(불성상청정)

何處有塵埃(하처유진애)

보리는 본래 나무가 없고
밝은 거울 또한 받침대 없네.
불성은 항상 청정하니
어느 곳에 티끌 먼지 있으리오

 이 게송을 통해 짐작하건대 혜능은 반야를 깨달아 느끼고 그 견해가
익어서 마음법 안에서 깊이 들어가 심지(心地)를 달통하였으며 바로
견성(見性)하였던 것입니다. 그러나 아직 깨달음을 증득하지는 않았습
니다.

 절 안의 대중들이 혜능이 지은 게송을 보고 다들 괴이하게 여기므로
혜능은 방앗간으로 돌아갔습니다.
 홍인대사가 문득 혜능의 게송을 보고 큰 뜻을 알고 있음을 알았으나
여러 사람들이 알까 두려워하여 대중에게 말하기를,
 "이 게송도 아직 깨닫지 못하였다."
 홍인 대사는 밤중 삼경에 혜능을 조사당 안으로 불러 『금강경』을 설
법하였습니다. 혜능이 한 번 듣고 말끝에 바로 깨달아서 그날 밤에 법
과 가사를 전해 받게 되었습니다.

혜능은 응무소주 이생기심(應無所住 而生其心: 응당 머문 바 없이 그 마음을 내라)의 대목에서 우주와 마음이 둘이 아닌 진리인 중도(中道)와 묘유(妙有)를 깨달아 증득하여 생사에 걸림이 없는 이사무애(理事無碍) 즉 마음법 안에서 깊이 들어가 심지(心地)를 달통하고 견성(見性)하며, 우주와 마음이 둘이 아닌 진리(中道, 妙有)를 깨달아 얻었으니 두 번째 큰일을 마쳤던 것입니다.

5조의 법을 이어 6조가 되었지만 혜능은 곧바로 법을 펴지 못합니다. 그 후 혜능은 자신에게 전해진 의발을 빼앗기 위해 뒤를 쫓는 무리들을 피해 산으로 숨어들어 사냥꾼 무리 속에서 살았다고 합니다. 그물을 지키게 하면 살아있는 것들을 모두 놓아주었고, 밥 지을 때는 채소를 고기 삶는 냄비에 넣어서 익혀 먹으며 법을 펼 수 있는 인연이 무르익길 기다렸던 것입니다. 이로부터 15년 후 당나라 고종 의봉 3년(676년) 마침내 광동성 광주에 있는 법성사(法性寺, 현재는 광효사光孝寺)를 안고 혜능은 세상에 모습을 드러내게 됩니다. 이때 혜능의 나이 39세였다고 합니다.

혜능이 법성사에 도착하니 마침 바람이 불어 깃발이 펄럭이고 있었습니다. 그러자 젊은 학인들이 논쟁을 벌이기 시작했습니다. '바람이 움직인다'는 주장과 '깃발이 움직인다'는 두 주장이 논쟁을 벌였던 것입니다. 이때 혜능이 명답을 내놓습니다.

"바람이 움직이는 것도 아니고 깃발이 움직이는 것도 아닙니다. 오직 당신들의 마음이 움직이는 것이오."

혜능의 말을 듣고 대중들이 감탄하였습니다.

이 풍번문답(風幡問答)을 지켜본 인종법사는 물었습니다.

"오래전 불법이 남으로 내려 왔다는 말을 들었는데 바로 그 분이십니까?"

육조는 시인하고 가사를 보여주자 인종법사가 예를 올리고 그 지방의 고승들을 불러 보리수 아래에서 혜능의 머리를 깎아주었습니다. 다시 지광율사는 구족계를 주었습니다. 이로써 혜능은 정식으로 스님이 되어 세상에 고준하고 드넓은 선법(禪法)을 펼치며 본격적으로 중생교화에 발을 들여놓습니다.

혜능은 은둔의 생활로 깨달음을 무루하게 익히고 더욱 굳건히 하였으며 그가 얻은 돈법(頓法: 단박에 마음을 깨닫는 일)의 진리를 세상에 펼쳐 전법교화(傳法敎化)하고 이 세상에 선(禪) 천하의 나라를 만들었습니다. 이 중생교화(衆生敎化) 전법교화 하는 일이 정통선의 세 번째 일입니다.

그래서 불교 선수행의 정통이라 함은 이심전심(以心傳心)을 전하는 반야와 마음 안의 법을 아는 것이고, 그 마음 안에서 더욱 깊이 들어가 심지(心地)를 달통하고 견성(見性)하는 것이며, 우주와 마음이 둘이 아닌 진리인 중도와 묘유를 깨달아 증득하고 생사를 벗어나서 그 깨달음을 익히고 더욱 굳건히 하여 세상에 펼쳐 전법교화(傳法敎化)하는 일인 것입니다.

달마대사는 「달마관심론(達磨觀心論)」에서 설법을 합니다.

'마음은 만법의 근본이요, 일체 모든 법이 마음에서 생기나니 마음을 요달 하면 만 가지 수행이 다 갖추어진다' 고 하였습니다.

마음을 요달 하면 만 가지 수행이 만들어지는 것입니다. 그래서 달마 이후 5조 홍인대사까지는 조사의 나무가 위로만 자라다가 홍인대사 이후 가지를 쳐서 6조 혜능에 의해 남종선(단박에 깨우치는 돈오설)이 탄생하였고, 신수에 의해 개창한 북종선(점진적으로 단계를 밟아나가면서 깨닫는 점오설)이 태어났던 것입니다. 그 후 남악, 마조, 백장, 황벽, 임제 등 기라성 같은 도인들이 세상에 출현하였습니다..

이후 가지와 줄기가 계속 뻗어나가면서 오가칠종(五家七宗)의 복잡하고 풍성한 선종사가 이어져나갔던 것입니다. 선의 특성상의 구별은 달마대사가 온 지 700년이 지난 후의 일입니다. 혜능시대에도 공안이란 말이 없었고 오가칠종의 형성시대에도 간화선과 묵조선의 구별은 없었습니다. 다만 마음을 깨닫는 순수한 선이 이어졌던 것입니다.

대승불교의 대표적인 선(禪) 수행은 간화선(看話禪)과 묵조선(默照禪) 그리고 염불선(念佛禪)이라고 할 수 있습니다. 이 방법론적의 선수행을 간략히 살펴보기로 하겠습니다.

간화선(看話禪)

간화선은 대한불교 조계종의 대표적 선수행입니다. '간화'란 말의 이야기를 바라보는 것입니다. 무슨 말의 이야기를 바라보는 것인가. 화두(話頭)를 간하여 본래 성품자리를 내다보는 것입니다. 이야기의 말머리(화두)를 강한 의정심(疑情心)으로 반복적으로 수없이 되뇌면 강한 집중력으로 단번에 깊은 마음으로 들어가는 것입니다.

화두는 공안(公案)인데, 본래 공안이란 관공서의 문서를 가리키며 부르는 말로서, 위반해서는 안 되는 공정한 법령을 말합니다. 쉽게 말해서 간화선 수행자가 궁구하고 풀어나갈 문제를 말합니다.

간화선은 의정심이 중요합니다. 왜냐하면 망망대해의 마음바다에서 생화두(生話頭)를 들고 살려서 간절하고도 사무치게 의심해들어가야 의단독로(疑團獨露)의 한 길이 만들어지는 것입니다. 이 의단독로에서 오매불망 밀어붙여 어떻게 할 수 없는 백척간두(百尺竿頭)에서 한 걸음 더 내딛어 허공에서 몸과 마음을 놓을 때 비로소 마음고향에 돌아온 것입니다.

처음으로 화두를 보고 간화선 수행을 주장한 스님은 송나라의 대혜종고(1089~1163)입니다. 그는 서장에서 묵조선을 사선(邪禪)이라고 비판하고 화두를 볼 것을 강력하게 주장하였던 것입니다.

묵조선(默照禪)

묵조선은 대혜종고와 동시대를 살았던 굉지정각(1091~1157)선사에 의해 체계화된 선수행방법입니다. 묵조선의 특징은 본래부터 깨달은 존재라는 것을 자각하고(照), 고요히 면벽좌선수행으로 일관하는 것입니다(默). 묵묵히 좌선하여 무념무상으로 참선을 하다 보면 묵묵적조(默默寂照), 성성적적(惺惺寂寂)의 경지에 이르고, 어느 순간 몰록 비쳐지는 깨달음의 지혜를 얻어 불성을 찾는 참선법을 말합니다.

묵조는 눈앞에 보이는 모든 것이 공안이라는 현성공안(現成公案)의 입장으로 선(禪)을 알고자 하는 것입니다. 마음 곧 붓다를 바로 비추어 보는 법인 회광반조(廻光返照)는 묵조선 수행의 요체라 할 수 있습니다.

묵조선은 조용히 수선하여 내 마음속의 자성불(自性佛)을 발현하여 맑고 밝은 지혜와 자비인 광명의 세계로 이끌어내는 불교수행의 한 가지 방법입니다.

염불선(念佛禪)

염불은 말 그대로 부처를 생각하는 것입니다. 부처를 생각해서 부처를 보는 견불(見佛), 극락세계에 왕생하는 염불인 정토왕생(淨土往生), 염불해서 자성불을 보는 염불선이 수행의 주를 이루고 있습니다.

염불은 석존이 살아계시던 때부터 시작되어 부파불교(部派佛敎), 대승불교(大乘佛敎), 밀교(密敎)에 이르기까지 수행의 역사가 가장 길고 깊은 전통이 살아 이어져 내려온 수행방법입니다.

염불수행이 워낙 넓고 깊기 때문에 방법론에서 체계가 정확하게 정립되지 않아 우후죽순처럼 수행자의 독특하고 주관적 입장이 살아있는 것도 염불선의 한 특징이라고 할 수 있습니다.

염불이 염불선이란 수행방법으로 자리매김 할 수 있는 것은 어떤 것일까.

첫째는 번뇌 망상이 사라진 자성을 봐야 하는 것입니다.

'아미타불'이나 '관세음보살'을 하던지 그 염불로 인하여 자성미타(自性彌陀)와 자성관음(自性觀音)을 발현하여 깨달음을 이루는 것입니다. 염불이 위대한 수행법으로 지금까지 이어져 왔던 것은 '심즉불(心卽佛: 마음이 붓다이다) 불즉심(佛心卽: 붓다가 곧 마음이다)'의 높은 법문이 있기 때문입니다.

마음을 떠나 따로 붓다가 없고, 붓다를 떠나 따로 마음이 없는 것입니다. 그래서 염불을 하면 자기 마음을 찾는 것이고 마음을 찾으면 무상(無相)의 진공(眞空)을 깨달아 안심(安心)을 얻고 여기에서 더욱 염불하여 경계에 이끌리지 않는 무념에 이르러 묘유(妙有)를 발현하고, 우주의 근본인 진공묘유와 나의 붓다인 자성(自性)이 다르지 않음을 확연히 내다보는 것입니다.

그래서 염불선이란 정심(淨心)만을 이루는 것이 아니라 깨끗한 마음에서 한 걸음 나아가 나의 마음과 붓다가 평등하여 둘이 아님을 깨닫는 것입니다.

둘째는 경전에 근거한 체계적인 수행이론이 만들어지고 그에 따르는 순수한 수행이 뒷받침 되어야 하는 것입니다.

달마대사의 이입사행(二入四行)은 달마의 근본사상입니다. 이 이입 사행은 모든 불법수행의 근간이었고 순수한 수행자가 무상대도를 깨 닫기 위한 가르침과 올바르게 나가기 위한 마음가짐의 실천행이 담겨 져 있습니다.

이입사행이란 깨달음에 이르는 근본적인 방법을 이입(理入)과 행입 (行入)의 두 가지의 큰 단락으로 나누고, 행입을 다시 네 가지로 분류한 것입니다.

이입(理入): 경전에 의지하여 종지를 깨닫는 것입니다. 그것은 중생 은 곧 부처와 같은 진성(眞性)을 지니고 있음을 깊이 믿는 것입니다. 단 지 객진번뇌의 망상에 뒤덮여 있어 그 진성을 드러내지 못하고 있을 뿐 이죠!

붓다의 일대시교를 깊게 믿어서 먼저 불성을 스스로 자각하는 일입 니다. 붓다의 일대시교는 일체중생 실유불성(一切衆生 悉有佛性: 모든 중생들이 붓다와 같은 성품을 가지고 있다)과 중생교화(衆生教化: 지혜와 자비로 중생을 이끎)의 천지가 개벽할 큰 가르침의 이정표인 것입니다.

불성이 중생의 마음 안에 있으며, 그렇기 때문에 마음이 붓다이고, 마 음이 법이며, 중생이 붓다입니다. 그래서 중생과 마음과 붓다 그리고 법은 서로 다름이 없는 것입니다.

행입(行入): 부처의 근본 뜻을 깨닫기 위한 실천수행의 증득과정으로 이것을 사행(四行)으로 나눈 것입니다.

1) **보원행(報怨行)**: 수행자가 고통을 당할 때에는 과거에 자신이 저지른 행위의 과보라고 생각하여 긍정적으로 받고 남을 원망하지 않아야 합니다.

2) **수연행(隨緣行)**: 즐거움이나 괴로움은 인연 따라 일어나고 소멸하므로 즐거움과 괴로움에 동요하지 않는 마음을 가지고 항상 순응해야 합니다.

3) **무소구행(無所求行)**: 밖에서 구하고 대상에 집착하는 것을 놓아버리고, 제법공(諸法空)을 깨달아 탐욕과 집착을 버려야 합니다.

4) **칭법행(稱法行)**: 모든 중생이 본래 청정하다는 것을 믿고 자리이타(自利利他)의 보살행을 실천하는 것입니다.

간화선은 묵조선을 향하여 오직 고목사회(枯木死灰: 말라 죽은 나무에 불 꺼진 재)와 같은 묵조로 죽은 듯이 앉아서 아무런 활용도 없고, 어떤 지견(知見)도 없다 하여 암증선(暗證禪: 깨닫지도 못하고 크게 깨달았다고 하여 다른 사람에게 자랑하는 선)이라 비판하였고, 묵조선은 간화선에 대하여 부질없이 깨달음을 기다리는 대오선(待悟禪)이라 하고, 화두와 깨달음에 얽매여 있다고 비판하였습니다. 염불선은 자력이 아니고 타력수행이니 정법이 아니고 마음 밖의 외도선(外道禪)이라고 비판을 받는 것이 현 실정입니다.

이러한, 서로가 서로를 비난하고 갉아먹는 사자충신(獅子身蟲)의 절망에서 각자 고유한 수행법의 전통을 이어나가고 보완해서 조금 더 성숙한 방법으로 많은 이들에게 법의 즐거움을 주고 행복한 평화를 누리며, 나아가 해탈하여 붓다의 오랜 숙원이었던 모든 이들이 생사의 고통을 벗어나는 수행법을 제시한다면 인류에 가장 큰 선물을 안겨주는 것이 아니겠습니까.

마음 수행의 구체적인 방법들은 인류의 긴 역사를 통해 흥망성쇠를 같이해 왔습니다. 이것은 불교가 우주를 바라보는 관점인 성주괴공(成住壞空: 우주가 생성되고, 존속되며, 무너지고 그리고 공무空無로 되돌아가는 것)과 같은 것이며 모든 것은 지금의 모습으로 지속될 수 없다는 제행무상(諸行無常)의 현실을 무시할 수 없는 것입니다.

실례로 중국에서 만들어져 꽃을 피웠던 간화선은 지금은 수행하기에 어렵고 잘못 수행하면 장기적인 의정심으로 인해 남을 믿지 못하고 의심하는 정신분열 등의 부정적인 측면에서, 중국인들에게 기피하고 외면하는 현상이 일어났으며, 많은 불자들이 염불을 수행하는 것으로 알려져 있습니다. 인근 국가인 대만과 홍콩 그리고 일본불교에서도 염불수행은 큰 인기를 얻고 있습니다.

신라 말엽에 선종이 전해진 이후 한국불교는 심인(心印)의 법이 끊어지지 않고 계속 이어졌습니다. 법을 계승한 도인들이 꾸준히 나타타 간화선 수행이 한국불교를 이끌어 가고 있는 것은 사실입니다. 그러나

기라성 같은 도인들도 불가불 염불에 의지해 왔던 것은 거대한 마음 밑 바탕의 자기 놀음이 아니던가요.

위의 세 가지 참선법을 잘 수용하고 활용해서 말법시대에 근기에 맞고 수행의 결과도 보편적이며 빠른 참선법을 제안하고자 합니다. 인류에게 가장 큰 선물을 안겨다 줄 우주의 평안과 환희의 안심법문(安心法門), 그것은 다름 아닌 관음선(觀音禪)인 것입니다.

　萬緣都放下(만연도방하)

　常念觀世音(상념관세음)

　此是如來禪(차시여래선)

　亦爲祖師禪(역위조사선)

　마음 안이나 밖의 인연을 모두 놓아버리고

　항상 관세음보살을 생각하라.

　이것이 여래선이며

　또한 조사선이니라.

관음선(觀音禪)이란

관음선(觀音禪)이란?

자성관음을 곧바로 내다보는 돈오(頓悟)의 최상승선입니다.

이 관음선 수행법문은 대승의 참다운 신심으로 발심하여 한없는 지혜와 자비심으로 모든 이들을 교화하는 자에게 전하는 법문입니다.

이 법문은 모든 붓다의 비밀지장(秘密之藏)의 최상위 경전인『묘법연화경(妙法蓮華經)』의「관세음보살보문품(觀世音菩薩普門品)」에 의지하고,『문수설반야경(文殊說般若經)』의 '일행삼매(一行三昧)'에 의거합니다.

『묘법연화경』은 회삼귀개현일(會三歸開顯一)의 최상승의 붓다를 설하는 진공묘유의 제일상(第一上)의 경전입니다. 그중에서 보문품은 따로 독립시켜『관음경(觀音經)』으로도 불리는 중요한 위치를 차지하는 경전입니다.

이 법화경의 사요품(四要品)을 든다면「방편품」·「안락행품」·「여래수량품」·「관세음보살보문품」입니다. 이중에서 보문품은 네 가지 중요한 단락 중에서도 본문법화의 유통분에 들어 있어 일불승의 대승보살도를 실천하는 대자비의 법화화신(法華化身)이 중생을 구제하는 보편타당한 실천적 대행(大行)의 가르침인 것입니다. 또 보문품은 구체적인 수행방법까지 내포하고 있어 진실한 대승의 핵심을 담은 가르침 그 자체입니다.

「관세음보살보문품」은 일심칭명(一心稱名)사상을 담고 있습니다.

일심칭명을 통해 자성관음(自性觀音)을 발현해 깨닫고 붓다의 으뜸인 관세음보살이 되어 자비와 지혜로 중생을 교화하는 실천행 수행자의 선두주자가 되는 것입니다.

'관세음보살' 일심칭명을 통해 고난과 고통을 벗어버리고 번뇌 망상이 없는 해탈의 열반락을 얻는 것입니다. 보문품(普門品)의 보문은 관세음보살의 세계로 들어가는 크고 넓은 문을 가리킵니다. 관세음보살을 칭명하는 사람에게는 이 문은 환하게 열려 있고, 지위고하 남녀노소를 불문하고 일체 모든 이들이 들어갈 수 있으며, 그 문에 들어가면 적멸(寂滅)을 즐기며 관세음보살이 되고 생사의 윤회에서 벗어날 수 있는 것입니다.

관음염불 일심칭명을 복만을 구하는 기복불교(祈福佛敎)적 하등차원인 편협한 생각을 가지고 있는 분들도 있습니다. 또한 관음염불수행이 자력이 아닌 타력이라 외도(外道)의 수행이라고 외치는 분들도 있습니다.

어떤 것을 생각하고 무엇을 수행하는가는 그 수행을 하는 주체자의 마음가짐이라고 봅니다.

염불도 자신의 성품이 붓다와 전혀 다르지 않다는 강한 믿음으로 기도하고 염불을 하면 설사 복을 구한다 하더라도 그 염불은 자성(自性)의 보약이 되어 맑고 밝은 마음이 투영되지만 불성의 믿음이 전혀 없이 밖으로 건성 염불을 한다면 타력 수행이 되는 것입니다.

화두도 마찬가지입니다. 기도를 하면서 불보살에게 화두의 답을 묻는 수행을 한다면 이것은 분명 타력 수행이 되는 것입니다.

우선 경문의 내용을 살펴보기로 하죠.

若有無量百千萬億衆生 受諸苦惱 聞是觀世音菩薩 一心稱名 觀世音菩薩 卽時
약유무량백천만억중생 수제고뇌 문시관세음보살 일심칭명 관세음보살 즉시
觀其音聲 皆得解脫
관기음성 개득해탈

만약 한량없는 백천만억 중생들이 온갖 고뇌를 받을 적에 관세음보살을 듣고 일심으로 관세음보살을 칭명하면 관세음보살은 곧 그 음성을 관하고 모두 해탈을 얻게 한다.

관세음보살 일심칭명은 수많은 중생들이 수행하면 모두 다 해탈을 얻는 가장 보편적인 수행방법입니다. 역사적으로 관세음보살 염불은 타력수행과 복을 구한다는 일차원적 방법이라는 생각이 깊기 때문에 전문 수행자들은 외면하였던 것은 사실입니다. 그것은 방법론적으로 우주에 편만한 외적 관세음보살에게 매달려 그 무엇을 구하였기 때문입니다.

'관세음보살'을 일심으로 칭명하면 관세음보살은 곧 그 음성을 관하고 모두 해탈을 얻게 한다고 하였습니다.

여기서 한 번 짚고 넘어갈 부분이 있습니다.

오로지 마음 밖의 관세음보살에게 구원받기 위해 염불한다면 이는 타력수행일 뿐입니다. 그러나 관세음보살을 칭명하는 자는 누구입니까? 칭명하는 음성을 듣는 자, 음성을 보는 자, 또한 진정한 관세음보살은 누구입니까?

'관세음보살 일심칭명하면 해탈을 얻는다.'

이것이 관음선입니다. 일심칭명을 해서 맑고 밝은 마음을 통한 자성 관음의 출현! 바로 이것입니다.

염불을 하든 화두를 들든 묵조를 하든지 다시 되돌려 볼 줄 알아야 합니다. 이것이 진짜 선(禪)인 것입니다. 불성을 바라보는 가장 기초적 수행단계입니다. 선을 통해 깨달음을 얻고자 하는 수행자라면 자신의 생각과 마음을 돌이켜 볼 줄 알아야 합니다.

관음염불을 하는 자는 바로 '나'입니다. 내 안의 '자성관음(自性觀音)'입니다. 염불하는 마음을 돌이켜 놓으니 번뇌망상은 사라지고 나는 대광명의 관세음보살이 되는 것입니다.

다시 한 번 말씀드리자면 관세음보살 일심칭명을 하면 나는 관세음보살이 되어 내 자신이 염불하는 그 소리의 자성을 바로 관(觀)하고 그 자리에서 번뇌의 속박에서 벗어나 안락한 마음의 해탈(解脫)을 얻으며 관세음보살이 되는 것입니다. 내가 나의 염불소리를 듣고 마음을 보아 자성관음을 깨닫는다는 말입니다. 이것은 자력수행이며 간절하고 힘차니 자성의 발현과 관세음보살의 가피가 저절로 따르는 양가득성(兩家得成)의 진실한 법문이 되는 것입니다.

내가 관세음보살이 되는 관세음보살 칭명염불이 염불선이며, 끊임없이 칭명함이 애절하고 정성마저 깃드니 하나의 살아있는 화두가 되어 의정심과 더불어 둘이 아니니 간화선인 것이고, 염불하는 이를 돌이켜 회광반조하니 묵조선이 되는, 그야말로 올바른 정법수행에 수많은 대들보를 얻으니 천군만마가 따라오는 것입니다.

일체 모든 만물이 관음(빛과 소리)의 현신이며, 모든 붓다의 화신이 관음이고, 관음진신은 당신들의 자성인 것입니다. 관세음은 수 대겁(大劫) 전에도 있었고 미래에도 다하여 없어지지 않는 자성과 우주의 근본인 것입니다.

하늘이 푸른 이유는 빛이 있기 때문입니다. 빛이 대기 중의 미립자를

통과할 때 생기는 산란의 세기가 파장의 4제곱에 반비례하기 때문입니다. 즉 태양 빛이 대기 중을 통과할 때 짧은 파장의 빛일수록 더 많이 산란되기 때문에 하늘이 푸른 빛을 띠게 된다는 것입니다. 반면 우주에는 공기가 없기 때문에 빛이 반사되거나 산란 될 수가 없으므로 우주공간이 검게 보이는 것입니다.예를 들어 푸른 빛의 산란율은 붉은 빛에 비해 약 6배 가량 크기 때문에 푸른 빛이 더욱 강해지는 것이라고 합니다. 같은 원리로 해질 무렵과 해뜰 무렵 하늘이 붉은 이유도 설명할 수 있습니다. 해질 무렵과 해뜰 무렵에 태양빛은 더욱 먼 거리를 통과해야 하기 때문에 푸른 빛은 거의 다 산란되고, 지구에 직접 도달하는 빛은 붉은색이나 주황색을 띠게 된다고 합니다.

우리들은 머나먼 과거의 소리도, 우주가 탄생한 대폭발의 소리도, 붓다의 원음도 직접 들을 수 있습니다. 그것은 우주에 떠다니는 소리분자를 이끌어 그 당시의 현실을 바로 말해주는 원음적 소리를 들을 수 있습니다. 허공은 예와 지금이나 그리고 미래에도 빛과 소리 등의 관음을 머금고 있는 것은 부인할 수 없는 사실입니다.

최근 지구 최초로 태양계를 벗어나 성간 우주를 비행하고 있는 NASA(미항공우주국)의 보이저1호 우주선이 근래에 이상한 형태의 '츠나미 파장'을 수신했다고 합니다. 과학자들은 보통 성간 사이에는 조용하고 잔잔할 것이라고 생각했지만 보이저 1호에서 보내온 종소리처럼 진동하는 소리가 태양에서 보이저가 현재 있는 거리의 두 배가 넘는 지역에서까지 계속 나온다는 사실에 학계는 물론 모두를 놀라게 했습니다. 이상하면서 오래 지속되고 넓게 퍼지는 특별한 파장이 무엇을 의미하는지 과학자들은 명확히 알지 못한다고 합니다. 또한 이 파장이 얼마나 빠르고 넓게 퍼져가는 지도 알 수 없다고 합니다.

관음선 수행을 하게 되면 활발히 살아나는 대광명의 생명에너지를 깨달으며 텅 빈 마음에서 울려 퍼지는 중생사의 일들을 들을 수 있습니다.

일심칭명(一心稱名)은 마음을 간절히 하나로 모으는 것입니다. 간절히 하나로 모으면 마음이 편안해지고, 안과 밖의 구분이 사라지고 깊은 마음에서 때가 끼지 않은 순수한 칭명이 이어집니다. 번뇌에 더럽히지 않는 순일직심(純一直心)입니다. 우주와 일체의 근본이고 주체가 되는 것이 일심입니다. 일심에서 해탈이 이루어지고 자성의 불성이 발현되어지며, 반야바라밀이 이루어집니다. 우주 법신이 드러나는 맑고 밝은 진공묘유 그대로의 자성인 것입니다.

관세음보살 일심칭명이라 하여 입으로만 소리 내어 하는 것이라는 생각을 안 하셔도 좋습니다.

달마대사는 염불에 대하여 말하였습니다.

"염불이라는 이름을 붙였다면 염불의 근본을 행하여야 한다. 만약 생각에 실체가 없이 입으로만 헛된 명호를 외운다면 무슨 이익이 있으리오. 또 외우는 것과 염(念)하는 것은 이름과 뜻이 아주 다르니 입으로 하면 외운다고 하며, 뜻으로 하면 염한다 한다. 그러므로 염하는 것은 마음에서 일어나는지라 깨치는

수행의 문이다."

그렇다고 입으로 칭명하는 것을 소홀히 하셔도 안 됩니다. 비록 입으로 칭명하였다 하더라도 돌이켜 바라본다면 그것은 또한 자성관음을 깨닫는데 도움이 되는 것입니다. 그래서 관음선은 안(眼)·이(耳)·비(鼻)·설(舌)·신(身)·의(意)가 가장 원만한 육근 원통의 수행인 것입니다.

왜 관세음보살이란 말인가?

관세음보살(觀世音菩薩)은 세상사와 고뇌의 모든 소리를 지혜로 관(觀)하는 보살로 '세속을 관찰하는 자', '세간의 음성을 듣는 자'라는 뜻을 가지고 있습니다. 중생 편에 서서 두려움과 어려운 난관을 헤쳐 나가는 데에 도움을 주고 이끌어나가는 자. 쉽게 말하자면 관세음보살을 칭명하면 마음과 생각을 통해 바로 응(應)하여주는 자입니다.

관세음보살을 칭명하는 이들에게 빛과 소리로 그들의 마음을 꿰뚫어보고 온 몸 그 자체가 천수천안으로 고난과 고통을 벗어나 해탈을 얻게 하며 중생들을 구호하고 이익 되게 하는 포근하고 자비하신 어머니처럼 그립고, 무심하면서도 신령스러운 마음의 소유자. 대자대비의 화신이 관세음보살입니다.

관음선 수행은 남인도 지역에서 유행하여 중국으로 전해졌고 그 후 삼국시대에 우리나라에 전해져 왔습니다. 특히 한국, 중국, 티베트, 일본 등 북방불교에서 그 꽃을 피웠던 관음수행은 나라와 종파를 가리지 않고 포용하는 통불교적인 수행으로 지금은 세상에 널리 퍼져있습니다.

대승불교가 지향하는 중생구제와 자비의 실천 그리고 수행완성이라는 대대적인 큰 불사에 관음수행은 양쪽을 모두 원만히 만족시키는 양가득성(兩家得成)의 큰 표지판을 세운 것입니다.

사실 관세음보살은 오래전에 성불(成佛)한 붓다이십니다.

『관음삼매경(觀音三昧經)』에는 붓다께서 아난에게 이르기를

"관세음보살은 나보다 먼저 부처가 되었으니 이름을 정법명왕여래(正法明王如來)라 하였고, 나는 그 부처님의 제자로 수행하며 이 경을 수지 하였다."고 합니다.

붓다이지만 붓다의 복락을 뒤로 하고 중생의 영원한 구제를 위해 보살로 머물고 있는 것입니다. 이는 최상의 깨달음과 능력을 갖추었음에도 나를 낮추어 오직 중생을 위한, 중생을 향한, 중생에 대한 마음을 쓰는 것입니다. 자신의 마음을 잃어 정신이 미약하고, 가치관이 혼란하며 선은 약해지며 악이 판치는 지금 시대에 이러한 '붓다보살'은 진정 필요한 분인 것입니다.

관세음보살의 자비와 지혜는 상위 중에 최상위요, 붓다 중에 하심(下心) 하는 붓다요, 중생을 교화하는 보살 중에서 선두주자입니다. 그렇기에 관세음보살은 모든 붓다의 화신이요, 관음진신은 당신들의 생명 에너지인 대광명의 자성인 근본성품입니다.

제2부

원력과의 대화

무엇을 위해 살 것인가?

　어느 날 문득 하늘을 보며 스스로에게 '인생이란 무엇인가?' 하고 반문해 본 적이 있습니까? '무엇을 위해 살아가야 하는 것이 현명한 것인가?" 하고 생각해보신 적이 있으십니까? 사람들은 많은 생각을 하지만 이런 고차원적인 물음에 우물쭈물하며 명쾌하게 답을 제시하는 사람은 그리 많지 않을 것입니다. 또한 인생이란 무엇인가에 대해 제시해주는 답변이 자신의 마음에 와 닿는 환희의 명답이 되는 경우도 드물 수 있습니다.

　미국의 심리학자, 철학자인 애이브러햄 매슬로우는 인간의 본성에 대해서 3가지 가정으로 단계별 인간의 본능적 욕구에 대한 동기부여론 (Motivation Theory)을 개발했습니다.

1. 인간은 만족할 수 없는 욕구를 갖고 있다.

2. 인간의 행동은 만족하지 못한 욕구를 채우는 것을 목표로 하고 한다.

3. 인간은 기본적인 욕구가 채워지면 상위욕구를 채우려 한다. 따라서 상위욕구는 하위욕구가 충족될 때 동기요인으로 작용한다.

매슬로우의 욕구 5단계는 기본욕구(생리적 욕구, 안전 욕구)에서 상위욕구(소속과 애정의 욕구, 존경 욕구, 자아실현 욕구)를 가지고는 인간의 학습행동과 예술적 행위에 몰입하는 것은 설명이 불가능한 한계가 있었다고 합니다. 그는 후에 제자들과 함께 자아실현 욕구 아래 단계로 지적 욕구와 심미적 욕구를 더한 7단계 욕구를 거쳐 초월, 영적 상태를 포함한 삶의 8단계 욕구를 완성시켰다고 합니다.

도표로 살펴보면 다음과 같습니다.

에이브러햄 매슬로우의 삶의 욕구 8단계

단계		욕구의 진화	
8	초월, 영적 욕구	존재 욕구의 높은 충족은 즐거운 긴장 증가	봉사, 기부, 희생 등이 즐거운 영적 성인의 단계
7	자아실현의	• **높은 충족**: 높은 기쁨, 행복, 성장, 긍정적 건강	자신의 잠재능력을 최대한 발휘하고 창조적으로 가능성을 실현하고자 하는 욕구
6	심미적 욕구	• **낮은 충족**: 낮은 기쁨, 만족, 현상유지	문화 예술 및 자연환경을 통한 정서적, 감상적, 감성적인 내적 아름다움을 추구하는 욕구

단계	욕구의 진화		
5	인지적 욕구		문화, 교육을 통한 지적 욕구로 어떤 특정한 대상이나 경험에 대한 재음미와 발견을 통한 이해와 배움 추구
4	존경의 욕구	결핍욕구의 높은 결핍은 불쾌한 긴장 증가	능력에 대한 존경과 명예를 누리고 싶어하는 존경, 자부심, 자존심, 자존의 욕구
3	소속감과 애정의 욕구	• **충족**: 긴장 감소, 만족	소속감, 유행, 사랑의 욕구
2	안전의 욕구		생명, 생활, 외부로 부터 자기를 보호하는 신체적, 정서적 안전 추구 욕구
1	생리적 욕구	• **결핍**: 긴장 증가, 불쾌함	의, 식, 주 생활에 관한 본능적 욕구

　인간의 욕구는 하위단계에서 상위단계를 향해 계층적으로 배열되어 있는데요. 하위단계의 욕구가 차례로 충족 돼야 그 다음 단계의 상위욕구로 진행 되면서 인생의 보람을 느낄 수 있습니다. 그래서 하나의 새로운 욕구를 해결할 때마다 사람은 성장한다는 것이 욕구 단계설의 원리입니다.

　생리적 욕구, 안전욕구, 소속감과 사랑 욕구 및 존경욕구의 수직적 근본 4단계 욕구는 그것이 결핍되었을 때 충족시키기 위한 욕구로서의 결핍 욕구라 하였고, 지적 욕구, 심미적 욕구, 자아실현 욕구는 향상의 동기유발이 충족되어지면, 자신의 내면과 영적성장은 물론 사회적 발전에 이바지한다 하여 존재(성장)욕구라고 구분 지었습니다.

결핍 욕구는 일단 만족이 되면 그것을 달성하려는 목적의 동기가 감소하여 약하게 되지만, 존재 욕구는 충족되어지면 될수록 더 높은 성취를 위해 강하게 욕구가 더욱 증가되어짐을 알 수 있습니다. 예컨대, 배우고 깨닫는 노력이 성공하여 어떤 결과를 이루었을 때 더 크고 넓은 배움과 깨닫고자 일을 위해 한층 노력하게 되므로 결핍욕구와 달리 존재 욕구는 완전히 충족될 수 없는 것으로 보이며 그것에 대한 성장과 성취동기는 끊임없이 유발됩니다.

낮은 단계의 기본 욕구가 충족되면 더 높은 단계의 욕구를 추구하게 되는 것은 인지상정이지만 정말 특이한 사항은 봉사와 기부 그리고 희생 등이 즐거운 영적인 성인 단계의 초월, 영적 상태는 모든 하위단계를 거치지 않고 어떤 단계에서도 바로 추구하고 나아가려는 것을 밝히고 있습니다.

붓다는 『열반경』에서 말씀하셨습니다.

"인간에 있어서 가장 무서운 독극물은 이 세 가지보다 더한 것이 없다.

첫째는 지나친 욕심이요,

둘째는 때와 장소를 가리지 않는 분노이며

셋째는 영적인 무지이다."

인간은 욕망으로 가득 채워진 존재입니다. 항상 부족함을 느끼며 이를 채우려고 바라는 마음을 가지고 있습니다. 배가 고프면 원초적 배고픔의 해결에 온 생각을 집중합니다. 그런 후 배가 불러오면 다른 욕망으로 눈을 돌려 허기진 마음을 채우려고 하고 있습니다.

황금이 쏟아져 내려도 인간의 애착은 채워지지 않습니다. 욕망은 채워질 때 잠시의 쾌락만 있을 뿐 그 뒤에는 다른 욕망 때문에 고통이 따르는 것입니다. 이것을 아는 것이 지혜요, 수행인 것입니다.

지나친 욕망에 의해 고통스러운 것은 마음에 문제가 있는 것입니다. 만족하지 못하는 영성이 허하여 늘 배고픈 마음이 이어지기 때문입니다. 붓다의 가르침은 고통에 관한 것입니다. 고통과 트라우마의 원인을 알고 고통을 치유하고 트라우마에 벗어나서 진정한 평화 속의 해탈을 이끌어내는 자유인이 되는 것입니다.

마음수행은 만병의 통치약입니다. 어리석은 자를 지혜가 있는 자로 만들고, 나약한 자는 강하고 굳센 사람으로 태어나며, 무능력자를 특출한 능력을 갖춘 대장부로 만들고, 마음이 작고 가난한 자를 크고 깊게 그리고 부자로 만들어내며, 중생을 성인으로 만들어내는 특출한 기술이 있습니다.

우울증, 화병 등을 돌이켜 자비의 전도사가 태어나며 건망증과 치매 그리고 뇌졸중에도 수행은 탁월한 예방과 치료 효과가 있습니다.

마음의 양식은 자발적 보시와 자비의 연민 그리고 영적 수행에서 나오는 체험입니다. 양식을 받아 자란 마음은 건전한 자유와 평화로움을 유지하게 됩니다. 내면과 영성은 더욱 성숙하여 마침내 너와 나 그리고

우주가 평등불이(平等不異)합니다. 즉 우주와 내가 다름이 없어서 내 안에 우주가 들어 있고, 우주 속에 너와 내가 녹아들어 날마다 즐거움과 행복을 머금고 활기찬 인생을 살 것입니다.

자! 이제 우리들은 중요한 결단을 내려야 할 때입니다. 나의 인생을 어떻게 살아갈 것인가! 어떻게 사는 것이 멋지게 사는 것인가! 마지막 인생을 무엇으로 마무리 할 것인가?

우리네 인생은 대체로 두 가지 길을 선택해야 할 경우가 많습니다. 물론 인생 길의 선택권은 나 자신에게 있습니다. 두 인생길은 서로가 극단적인 경우가 많습니다. 한쪽은 물질적인 풍요로움과 쉬운 길이요, 다른 쪽은 희생을 요구하는 어려운 길입니다. 두 길이 제시하고 있는 종착역의 성공 점은 저마다 즐거운 세상 밝은 미래를 제시할 것입니다.

그 두 가지 길은 바로 오욕락의 외적인 길과 해탈락의 내적인 길입니다.

오욕락은 식욕(食慾: 먹고 싶은 욕구), 물욕(物慾: 가지고 싶은 욕구), 수면욕(睡眠慾: 잠자고 싶은 욕구), 성욕(性慾: 이성과 관계하고 싶은 욕구), 명예욕(名譽慾: 세상에 널리 인정받아 이름이 드러나기를 바라는 욕구) 등 다섯 가지 즐거움을 말합니다.

외적인 오욕락은 에이브러햄 매슬로우 삶의 욕구 1~4의 단계처럼 채워지지 않으면 스스로 자책하며 불행하다고 생각하고, 반면에 충족이 이루어지면 오욕락이 주는 한없는 즐거움에 자신의 모든 감각을 잃어버리고 감각의 노예가 되어 끊임없이 다른 욕구를 추구하려는 하수인이 되어버립니다.

잘 먹어 배가 부르면 누워 게으름을 피우고 싶고 더욱 입에 맞고 맛있는 것을 원하며, 그것에도 만족하지 못하여 끊임없이 산해진미를 찾아다니고 그래서 몸에 영양분이 채워지면 이성을 그리워하는 마음이 강해져 배설하고픈 욕구가 강하게 나타납니다. 배가 부르면 부를수록 가지고 있으면 있을수록 음식이나 재물을 남보다 많이 먹고 가지고 싶어하는 것은 보통 사람들의 기본 욕구입니다.

어느 정도 경제적 욕구가 채워지면 이젠 명예욕에 눈을 뜹니다. 세상에 이름을 날리고 싶고 권력을 잡아 만천하에 자신의 힘 있는 이름과 모습을 드러내고 싶어 합니다.

모든 것을 가진 자신의 모습을 상상해 보면 훌륭하기도 하고 기쁨에 행복이 넘쳐나는 것처럼 느껴집니다. 그러나 소욕지족(少慾知足)의 만족을 모르고 분수에 넘치게 탐욕을 함으로써 모든 불행의 씨앗이 시작됩니다. 그 불행의 끝은 아름답지 못하고 추하며 비참하기까지 합니다.

오욕락을 모두 갖추었다 하더라도 한 때 일시적일 뿐, '화무십일홍 권불십년(花無十日紅 權不十年)'이라 지금은 나의 위세가 등등하지만 세상일은 언제든지 역전이 가능한 것입니다. 그러므로 오욕락은 스스로 만족함을 알 때 진리와 순응하며, 나누고 절제하는 곳에서 오욕락의 진실한 뜻이 살아있는 것입니다.

내적인 열반락의 이름은 많습니다. 해탈이라 하고, 깨달음이라고 하며, 적멸이라고도 부릅니다. 번뇌 망상이 들끓던 마음이 녹아 없어지고 찬란한 진리가 떠올라 깨달음을 이루고 내면의 맑고 밝은 대광명의 태양이 모든 것을 비추는 것을 말합니다. 열반락을 이루는 길은 정말 쉬운 일은 아닙니다. 그렇다고 해서 크게 어려운 것만도 아닙니다. 스스로의 업장이 열반락으로 가는 길을 어렵게 만들기 때문입니다.

번뇌 망상에서 해탈하는 기쁨은 오욕락을 얻어 이루는 즐거움으로는 상상할 수도 비교가 되지도 않습니다. 왜냐하면 오욕락은 추구하면 추구할수록 마음에 공허함이 들고, 열반락은 광활한 우주로 집을 삼고, 진공묘유의 아름다움이 펼쳐지는 시작도 알 수 없고 끝도 알 수 없는 대우주의 주인이 되어야하기 때문입니다.

한 번 해탈주인의 지위에 들어서면 임기도 없고 끝남도 없이 세세생생 열반락을 즐기는 법입니다. 이 책은 이런 열반락을 남김없이 모든 사람들에게 가는 방법을 제시해주고 올바른 길로 이끄는 안내서입니다.

열반락을 얻기 위해서는 무상(無常)에서 출발해야 합니다. 모든 불보살들과 역대 조사들은 이 무상심에서 출가를 해서 불도를 이루어 열반락을 얻었기 때문이죠. 무상이란 모든 만물은 항상 고정된 자리에 머물러 있지 않고 변화한다는 것입니다. 이것은 붓다가 깨달은 첫 번째 진리입니다. 무상이 사무치게 마음에 와닿아야 비로소 열반락의 길을 걸어갑니다.

무상심의 발로가 찾아왔느냐는 수행자에게도 무척 중요합니다. 왜냐하면 이 무상심에서 바른 수행자의 삶을 살 수가 있고, 올바른 깨달음을 이루어 내기 때문입니다.

무상심은 선근공덕(善根功德)이 있는 사람에게 찾아옵니다. 진리를 위해 수행하는 자, 남을 위한 배려심이 깊고 희생적인 사람, 착한 일을 많이 하는 사람, 속 깊은 진참회(眞懺悔)에서 진리를 깨닫게 하는 인연의 에너지가 강하게 작용을 합니다. 그래서 모든 성인들은 악을 멀리하고 착한 일을 하라고 당부하신 것입니다.

무상심을 뼈저리게 느껴 출가하여 노력에 노력을 더해 대승불교의 모든 학파에서 제2의 붓다, 대승불교의 아버지로 칭송 받을 만큼 불교사에 큰 족적을 남긴 수행자, 공(空)의 논리를 체계화하고 완성시킨 중관학파(中觀學派)의 시조이며 거장인 제14대 조사 용수(龍樹 : Nāgārjuna)보살.

구마라집의 「용수보살전」에 따르면 그는 어려서부터 총명하여 일찍이 4베다, 천문, 지리 등 모든 학문에 능통하였다고 합니다. 천성이 총명한 브라만으로서 세 명의 친구를 두었는데, 이들은 인생의 향락은 정욕을 만족하는데 있다 하고 이성에 대한 욕망과 쾌락을 추구한 나머지 몸을 숨기는 둔갑술로 왕궁으로 들어가 궁중의 미녀들을 모두 범해 임신시키는 일까지 만들었습니다.

그들의 소행임을 눈치챈 왕은 군사를 부려 땅 위에 모래를 뿌리게 한 다음 그들의 발자국이 모래 위에 새겨지자 창칼로 그 주변의 공중을 찔러대니 세 명의 친구는 그 자리에서 피를 흘리며 죽었고, 용수 자신만 구사일생으로 목숨을 구하여 왕궁을 빠져나올 수 있었습니다. 깊은 후

회와 절체절명의 죽음에 대한 큰 고난을 당하자 뼈저린 무상심에 용수는 욕락은 괴로움의 근본이 되는 것을 크게 깨닫고 출가를 합니다. 출가하여 가비마라존자에게서 소승3장을 배우다가 그에 만족하지 못하여 설산지방으로 법을 구하러 갑니다. 그곳에서 늙은 비구를 만나 대승경전을 공부한 후 여러 곳으로 다니면서 여러 대승경전을 공부하여 마침내 심오한 대승불교의 진리를 깨우쳤습니다. 그리하여 그는 남은 생애 동안 대승불교사상을 전파하며 부처님의 근본 뜻을 펼치고자 노력하였습니다.

근 이천년이 지난 오래된 일이지만 용수보살의 창조적 생애에서부터 열반락의 길로 향해 나아가는 데에서 몇 가지의 교훈을 얻을 수 있습니다.

젊어서는 비록 욕락으로 치달리는 정제되지 않는 잘못된 삶을 살았더라도 반성과 참회로 새로운 인생의 전환점을 세웠다는 것입니다. 잘못 살아온 인생에 대해 좌절과 분노와 큰 상심으로 인생을 포기하는 것이 아니라 자기에게 다가온 비극적 현실을 인정하고 수용하면서 아픈 마음을 이끌고 넓고 깊은 창조적인 새로운 인생의 길을 선택했던 것입니다.

용수보살이 출가를 하여 새로운 인생을 선택했고 불교사에 커다란 족적을 남긴 사실을 살펴보면, 다름이 아니라 끊임없이 노력에 노력을 더했던 것입니다. 그러니 노력 없이는 무슨 일이든 성취할 수 없는 것은 자명한 사실입니다. 노력을 해서 성공한 사람들이 세상에 그들이 성 공한 갖가지 에너지를 쏟아부어 푸름이 이어지고 따뜻한 기운이 살아 나는 지구촌을 만들어낸 것입니다.

세상의 욕락은 잠시의 즐거움을 가져다 줍니다. 욕심으로 채워진 이 면에는 항상 근심과 걱정 그리고 강한 애착이 자리잡게 되어있습니다. 자! 이제 세속의 욕락심을 돌려 만고의 진리인 마음을 보고 자성관음에 귀의하는 복락을 세세생생 누려보지 않겠습니까?

그대들은 이제 세속의 즐거움을 버리고 열반의 영원한 법을 얻기 위 해 수행자의 길로 마음을 옮겼습니다. 자성관음을 발현하기 위한 무위 의 성을 쌓을 수 있는 강한 에너지가 내면에서 올라와 당신들을 감싸 줄 것입니다. 그 에너지가 당신들을 행복하게 만들고 세상을 다 얻은 것 같은 포만감도 느껴질 것입니다.

이 시점에서 우리들은 다시 한 번 마음을 점검하고 내가 왜 마음을 닦 는 수행자의 길을 걸어야 하는가의 의문점을 가져볼 필요가 있습니다. 여기서 우리들은 마음을 굳게 다지면서 스스로 원하는 목표점을 만들 어 붓다와의 간절하고도 진실한 무언의 대화로 일생일대의 거룩한 의 식을 치뤄야 합니다.

그 거룩한 의식은 원력(願力)에 대한 구체적인 방향과 목표의식의 도달점을 제시할 필요가 있습니다. 하루 이틀 짧은 시간에 끝내려는 수 행자의 삶이 아니라 현재 그리고 미래에도 꾸준하고도 성실한 깨달음을 얻기 위한 길을 가기 위해 자신과 결과에 대한 굳은 약속을 하는 것입니다. 원력은 수행자의 삶에서 가져야할 필수 사항입니다.

원력을 세운 힘으로 우리들은 수행과정에서 찾아오는 크고 작은 장애를 이겨낼 수 있습니다. 여러 가지 반연의 괴로움과 게으름 등의 슬럼프에서 벗어나는 길이 원력을 품은 마음에 있습니다. 그리고 우리의 원력들은 꼭 이루어질 것입니다. 왜냐하면 마음은 꾸준히 생각하고 그려내는 수행자에게 성취할 수 있게 하는 신묘한 힘이 담겨져 있기 때문입니다.

원력은 본인이 스스로 세운 서원(誓願)에서 생기는 힘과 서원에서 도출되는 미묘한 작용입니다.

원력에는 본원력(本願力)과 대원업력(大願業力) 그리고 숙원력(宿願力)으로 나눌 수 있습니다.

본원력은 붓다가 되기 위해 수행할 때 세운 서원입니다. 그래서 수행의 과위(果位)를 통해 얻은 공덕은 모두 본원력에서 나온다고 합니다.

대원업력은 대원력과 대업력의 두 원력의 힘을 말합니다. 즉 아미타불의 오겁 동안 사유(五劫思惟)한 본원의 힘과 끝이 없는 오랜 세월동안 수행한 힘을 말합니다.

숙원력은 오래 전에 세웠던 원력의 힘으로 현재에도 진행되는 서원입니다.

신심이 수행의 기초이고 밑바탕이라 하면 원력은 수행의 완성이라는 집을 세우는 첫 번째 작업인 설계도면이라 할 수 있습니다. 그래서 도면을 그려내고 설계도면 대로 대 저택이 완성되면 붓다가 되는 것입니다.

설계도면 없이 무위의 대 저택을 지으려면 수많은 난관과 만나고 갈팡질팡하게 되며 마침내 자포자기할 수도 있는 것입니다. 수행자들이 망망대해의 기나긴 여정에 확실한 원력의 목표점을 만들어 내는 것은 어찌 보면 당연하다 할 것입니다. 마땅한 원력을 세우지 못하였다면 사홍서원이나 불보살님들 그리고 존경하는 선지식의 서원을 나의 원력으로 만들어 나가십시오! 천군만마를 얻은 기상이 솟아날 것입니다.

이제 원력을 세우셨다면 문서화하는 작업도 해야 합니다. 사경(寫經)을 하듯 한 자 한 자 정성스럽게 써내려 가십시오. 그리고 마음에도 새겨 넣고 자신의 원력에 환희의 절을 하십시오.

불보살들이 기쁜 마음으로 그대들의 머리를 만져주며 원력에 대한 증명을 해줄 것입니다.

弘誓深如海(홍서심여해) 넓고 깊은 서원 바다와 같고

歷劫不思議(역겁불사의) 불가사의한 세월을 지나는 동안에

侍多千億佛(시다천억불) 천억의 부처님을 모두 모시고

發大淸淨願(발대청정원) 크나 큰 청정한 원력을 세우셨네.

관세음보살은 과거 수행할 때에 크고 넓으며 청정하고 순수한 원력을 세웠습니다. 그 청정한 원력의 위신력은 중생을 고난과 고통에서 벗

어나 깨달음으로 이끄는 대성(大聖)을 이루었고, 천억의 붓다를 모신 공덕은 만인을 따뜻하게 감싸 안은 귀의처인 자모(慈母)가 되었던 것입니다.

원력은 깨달음으로 가는 확실한 방법이요. 지혜와 자비를 만족시키는 원천 에너지인 것입니다.

원력의 불괴성(不壞性)

한 수행자가 대승의 바른 원력을 세웠습니다. 당신의 위대한 원력이 일회성에 그치지 않고 수행의 동반자가 되어서 서로 도반이 되어 같이 이끌어 나가고 싶다면 항상 원력과의 진실한 대화가 필요합니다.

원력은 수행의 중대한 목표점이기 때문에 자주 되뇌면서 흐트러지는 마음을 다잡을 필요가 있고, 원력을 생각하는 순수하면서 청정한 열정적 에너지가 수행자를 이끌고 보호하는 것입니다.

많은 초심 수행자들이 원력의 중요성에 대하여 잘 모르거나 무슨 원력을 세워야 하는가에 난감한 생각을 갖기도 합니다. 모든 붓다와 보살들은 꼭 수행의 서원을 굳게 맹세하고 큰 원력을 세워 노력에 노력을 기울여 지금의 불보살이 되신 것입니다.

우리들이 살고 있는 사바세계(娑婆世界)는 잡인세계(雜因世界) 또는 감인세계(堪忍世界)라고 합니다. 즉 복잡다단한 인연으로 얽히고설키어 싫고 좋음에 관계없이 비난과 욕됨을 참고 살아야 하는 세계에서 함께 살아가고 있는 것입니다. 그렇다고 비난과 욕됨만 있는 것이 아니라 훌륭한 칭찬도 있고 존경스러운 마음을 받기도 합니다. 이것이 우리가 사는 세계의 특징이라고 할 수 있습니다.

이 세상에서 숭배와 존경을 받는 성인들도 이 세계에서는 항상 존경만을 받을 수는 없습니다. 육신과 정신이 이 세상에 물들어 있는 한 존경과 비난이라는 이중적이면서도 한 솥의 오곡밥처럼 여러 가지 색깔과 맛을 보아야 한다는 것입니다.

이런 현실에서 마음의 중심과 원력이 녹아 스며든 정신의 수행력이 없으면 비난과 모함에 마음을 뺏겨 고통스러울 것입니다. 확실하고 굳건한 원력이 내재되어 있지 않으면 작은 요동에도 마음에 흙탕물이 자주 일어나 수행의 진취도 없고 앞날의 평화스러움을 마주대할 수 없을 것입니다.

출가수행자들은 때때로 거울을 보고 자신의 머리를 쓰다듬으며 왜 출가를 했으며 수행을 하는지 스스로 자문을 던지고 대답을 합니다.

"나는 왜 출가를 했지?"

"무상대도를 얻어 중생을 구제하려고 하는 것이지."

"나는 꼭 관세음보살이 되어 고난과 고통에서 신음하는 이들의 어머니가 되리라."

"따뜻하고 훈훈한 수행의 힘으로, 맑고 순수한 영혼의 정기로 모든 이를 대하자."

게으른 자신의 눈동자와 헐떡거리며 거친 안색을 살피고
"스님! 왜 이렇게 나태한 거야."
"이렇게 하다간 어느 세월에 대오각성 하겠어."
내면을 바라보며 때때로 자신을 점검하고 자신을 속이지 않는 진솔한 대화를 하는 수행자는 수행의 향기가 안에서 배어 나오는 사람입니다. 욕심이 많을 때, 게으르고 나태해졌을 때, 번뇌 망상이 치성할 때, 수행에 장애가 생길 때, 때때로 자신의 원력에 스스로 자문하고 답하는 수행자는 원력대사라 할 수 있으며, 자신의 수행 길로 잘 들어서 열심히 걸어가는 든든한 수행의 길잡이가 될 것입니다.

이제 심호흡을 하고 마음을 다잡아 원력을 세우고 싶다면 대원력을 세우십시오. 대원력은 불보살의 징표입니다. 그 한 분, 한 분이 중생을 가엽게 여기는 생각이 깊고 자신의 자식처럼 사랑하고 아끼는 마음이 간절하여 불보살이 되었던 것입니다. 원력만 제대로 심어놓으면 붓다의 훈기가 다가와 붓다의 마음을 바로 알 수 있는 것입니다.

원력이 깃든 수행자와 원력이 없는 수행자는 같은 출발선상에서 시작을 하지만 그 끝은 천지의 차이를 보입니다. 원력을 품은 자는 항상 긍정적으로 수행의 삶을 이끌어 불보살의 보호 아래 마침내 기대한 바의 목적을 달성하지만, 원력이 없는 수행자는 그 고비마다 회의감에 젖어 중도포기를 하기 쉽고 '나는 안 된다' 는 부정적 자괴감에 빠지기 쉽습니다.

마음은 자꾸만 생각하고 되뇌면서 실행에 옮기면 반드시 그렇게 이루어지게 하는 미묘한 힘이 있는 것입니다.

원력을 마음에 뿜은 것은 태양을 삼키는 것과 같습니다. 붓다 생명의 근본인 태양을 삼켰다면 수행을 통해 그것을 밖으로 끄집어내어 사용만 하면 되는 것입니다.

원력은 진실한 수행의 현명한 동반자입니다. 원력과의 대화를 통해 수행은 생명이 넘치는 참 수행으로 살아날 것이고 점점 빛을 발할 것입니다. 어둠 속에서 만난 작은 불빛이 당신을 거치면서 대우주를 삼키는 신령스러운 대광명으로 변할 것입니다.

망망대해의 넓고 깊은 해저, 심해의 밑바닥까지 다다르는 여행에서 원력은 충실한 안내자 역할을 해줄 것입니다. 힘들고 어려운 해저여행에서 마침내 동굴 속에서 보물창고를 찾아내어 여의주를 문 한 마리 거대한 황룡이 승천하여 온 세상이 환해질 때를 보게 될 것입니다.

원력이 수행에 녹을 때까지는 자주 원력을 생각하고 그려내며 원력과 진솔한 대화를 할 필요가 있습니다. 그래야지 자신이 진정으로 세운 원력이 가벼워지지 않고 무너지지 않으며 당신들의 마음속에서 원력이라는 불사조가 세세생생 같이할 것입니다.

보살들이 중생을 구제하기 위해서 생사를 자유자재로 바꾸는 변역생사(變易生死)의 근본은 바로 원력에 있습니다. 원력은 불보살의 특징을 알 수 있는 척도입니다. 그들은 서원을 세우고 오랜 기간을 통하여 불도를 완성하였기에 서원의 특징에 따라 불보살의 명호를 붙이는 것입니다.

법장비구가 48대원을 세워 만든 불국토가 서방정토인 극락세계인데요. 극락세계의 붓다를 아미타불이라고 합니다. 아미타불은 아미타유스(Amitāyus)와 아미타바하(Amitābha)의 두 가지의 어원을 가집니다.

아미타유스는 무량수불(無量壽佛)이요. 아미타바하는 무량광불(無量光佛)이라 할 수 있습니다. 그래서 이 극락세계의 특징은 수명이 한량이 없어서 한 번 왕생하면 생사윤회가 없으며, 대광명의 빛이 가득하여 모든 것이 금빛 찬란한 광명을 발하여 아름답고, 온갖 괴로움이 없이 즐거움만 있는 세계입니다.

불자들이 항상 독송하는 『천수경』에는 귀의와 찬탄, 참회, 발원의 내용이 이어집니다. 그중에 끝 부분에 나오는 네 가지 큰 서원은 대승의 불교적 발원이 무엇인지를 확연히 보여주는 대목입니다.

衆生無邊誓願度(중생무변서원도)

煩惱無盡誓願斷(번뇌무진서원단)

法門無量誓願學(법문무량서원학)

佛道無上誓願成(불도무상서원성)

중생이 끝이 없지만 맹세코 제도하리라.

번뇌가 다함이 없건만 맹세코 끊으리라.

법문이 한량이 없지만 맹세코 다 배우리라.

불도가 높고 높지만 맹세코 이루리라.

　모든 원력은 이 사홍서원에서 만들어지고 이어져 나가는 것입니다. 창의적인 원력이 없으시다면 사홍서원을 마음에 품고 수행한다면 원력이 수행에 녹을 때엔 당신만의 창의적인 원력이 태어나 독창적인 원력을 머금고 세세생생 같이하며 마침내 불도를 이루어 만천하에 당신의 원력을 펼칠 것입니다. 너무 걱정하지 마십시오. 수행을 열심히 해나간다면 당신의 원력을 떠올릴 수 있습니다.

　그날을 기약하며 원력이 수행에 녹을 때까지 전진과 정진을 게을리하지 마시기 바랍니다.

원력의 다른 이름

「발심수행장」에는 조사의 덕(德)을 바라며 긴 고통을 참아내고, 부처님의 자리를 기약하여 영원히 욕락을 버리라고 하였습니다. 진정한 수행자에게는 이러한 말씀이 미래의 중요한 목표설정이자 꿈이요 희망입니다.

나를 발전·향상시키는 영혼이 떨리는 무언의 성장이 꿈입니다. 희망은 피가 마르는 좌절감에서도 굽히지 않고 일어나려는 간절한 광명의 파장입니다. 그래서 꿈과 희망은 원력에서 피어나는 이구동성의 메시지입니다.

꿈을 가져야 합니다. 꿈을 가진 자는 꿈의 완성을 향하여 무의식 중에도 꿈을 키워나가기 위해 그 길을 걸어가고 있는 것을 알 수 있습니다.

꿈은 다져나가는 것입니다. 꿈을 이루기 위해서는 어떤 사항에 처하든 희망을 버리지 않고 노력에 노력을 더하면 고수의 향이 배어 나오는 것입니다.

꿈은 희망을 먹고 삽니다. 모두가 포기하는 그 시점에서 희망을 잡고 일어나 한 발자국 내딛는 자가 그 꿈을 이루어 성공하는 것입니다.

인간은 현실의 불편한 고난과 치욕스러운 고통을 잊기 위해 미래의 밝은 날을 떠올립니다. 꿈은 그렇게 시작되는 것입니다.

꿈은 행복의 메시지입니다. 꿈을 가진 자는 행복합니다. 그래서 꿈을 가진 자는 어떤 역경이 닥쳐와도 견뎌내고 역경을 완성의 재료로 삼아 그 꿈을 현실로 만들어냅니다.

본인의 성품이 드러나는 것이 꿈입니다. 자기가 좋아하고 소망하는 것에 열정적인 실천이 성공에 이릅니다. 꿈이 이루어진 것은 내·외면이 성숙하다는 증거입니다.

꿈은 스케일이 커야 좋습니다. 그러나 한 번에 큰 꿈을 세운다는 것도 쉬운 것만은 아닙니다. 비록 처음에는 작은 꿈에서 시작했더라도 꿈을 위해 실천하고 노력하며 시간의 비료를 만날 때 꿈은 커져 나갑니다. 고난과 고통 속에서 꿈은 단련 되고 절벽에 서서 나를 바라볼 때 그 꿈과 나의 원력은 잊히지 않고 바로 서서 빛을 발하여 당신을 뜨겁게 포옹할 것입니다.

자신의 꿈을 이끌어가는 사람은 강한 사람입니다. 꿈을 펼치려는 자는 부드러운 사람입니다. 그래서 오랫동안 꿈을 간직한 사람들에게는 자신에게는 엄격하고 남에게는 인자한 외유내강의 이상적인 성격을 많이 가지고 있습니다.

꿈을 열어보면 긍정적인 마인드의 열정적 노력과 인내 그리고 희망이 싹을 틔우기 위해 도사리고 있는 것을 알 수 있습니다. 긍정적인 마인드의 열정적 노력과 인내 그리고 희망이 결여된 꿈이 이루어지는 것은 공든 탑이 무너지듯이 쉽게 어그러져 버리기 쉽습니다. 그래서 꿈은 말합니다. '나는 당신이 꽃을 피울 때까지 신선하고 정성스러운 영혼의 영양분을 먹으며 기다리고 자라 날 것이야.'

지나친 돈과 권력을 추구하는 꿈은 비참한 말년의 발로가 될 수 있습니다. 왜냐하면 돈과 권력의 속성이 그러하기 때문입니다. 돈과 권력을 한 번 거머쥔 사람들은 평생 나에게 붙어 있는 것으로 착각을 합니다. 돈과 권력은 달콤하고 뿌듯하지만 한 곳에 붙어있지 못하고 이곳저곳으로 떠돌아다니는 나그네의 속성을 가지고 있습니다.

돈과 권력을 얻었더라도 잘 쓰는 것이 무엇보다 중요합니다. 그들은 항상 자신을 쓰는 사람들의 마음을 읽고 있거든요. 그래서 올바른 꿈을 세운다는 것은 한겨울에 피어나는 동백꽃처럼 자신은 물론 남들까지도 예쁘고 아름다운 자태와 그윽한 향기를 전달할 것입니다.

천성이 착하고 순진한 청년이 부모님과 함께 살고 있었습니다. 돈을 벌어서 부모님 잘 모시고 사는 것이 이 청년의 유일한 꿈이었습니다. 돈은 어떻게 버는 것인지는 잘 몰랐지만 친구들과 어울려 놀기를 좋아

했고 항상 빚에 쪼들리는 어려운 형편의 가정사에 고생하시는 그런 부모님을 바라보면 슬픈 마음이 앞섰습니다. 그래서 일찌감치 돈을 벌어야겠다는 생각이 들었습니다.

통장에 잔고가 쌓이는 것을 보며 즐겁게 회사생활을 하였습니다. 그러나 이 청년은 남에게 싫은 소리, 쓴 소리를 못하며 스스로 안으로 삭히는 내성적인 친구였습니다. 회사에는 이기적이며 남의 공로를 빼앗으려는 직원들이 있었고, 유능하고 착한 사람을 모함에 빠뜨려 실속을 챙기는 이들에게 분노를 느꼈습니다.

'남의 잘못은 많은 사람에게 까발리면서 자신의 잘못은 들키지 않으려고 그림자도 꼭꼭 숨기는 걸까!'

남에게 싫은 소리를 못하는 착한 청년은 그 분노와 회의감이 깊어져 스트레스로 다가왔습니다. 회사생활도 그 전보다 즐겁지 못하고 마음엔 무거운 짐을 가득 짊어진 사람처럼 의욕이 사라졌습니다.

어느 날 절 앞을 지나가다가 법당이 눈에 띄었습니다. 자신을 끌어들이는 기운을 느끼며 법당 안으로 들어갔습니다. 법당으로 들어온 청년은 눈을 들어 큰 부처님의 얼굴을 보려고 하였습니다.

문득 바라본 부처님의 얼굴은 위엄이 있으면서도 인자함이 넘쳐 보이는 얼굴엔 빛까지 드리워져 있는 것 같았습니다. 그 순간 청년의 눈에는 눈물이 고여 흐르고 있었습니다. 형용할 수 없는 마음의 뿌듯함과 미안함을 느끼면서 부처님과의 첫 대면은 이렇게 시작 되었습니다.

그 후로 간혹 법당에 들러 부처님 얼굴을 보면서 세상살이에 하소연도 하면서 불교에 관심을 갖게 됩니다. 스님들이 쓰는 책을 읽으면서 불교의 지식을 조금씩 습득해 나갔습니다. 시간이 지나자 절에 출입이 자유러워지고 괴롭고 답답하던 마음도 조금씩 풀려갈 쯤 절 마당에서 맑고 깨끗한 느낌의 스님과 우연히 마주치게 되었습니다.

서로 다가서는 스님의 풍채가 따뜻하게 느껴졌고 이상야릇한 향내가 스치는 순간 뒤돌아서서 그 스님의 뒷모습에 눈을 고정시켰습니다.

'나도 출가할까?'

불현듯 이 한 생각이 떠올랐습니다. 그 청년은 그냥 불교가 좋았고, 스님이 존경스럽고, 절이 내 집처럼 조용하고 아늑하기만 하였습니다. 출가해서 스님이 된다는 것은 특출한 사람만이 할 수 있다고 생각하였습니다.

'내가 스님이 될 수 있을까?'

큰 고민 끝에 청년은 출가를 결심하고 반대하는 부모님을 겨우 설득해 보덕암이란 가난한 절에서 삭발하고 승복을 입었고 계를 받아 스님이 되었습니다. 불인(佛印)이란 법명도 받았습니다. 새로운 감회가 밀려와 자꾸 눈물이 흘러내립니다. 하루는 은사스님이 불인스님을 불러 앉혔습니다.

"스님은 자고로 큰 원력을 가져야 한다. 불인스님도 이제 원력을 세워야 되지 않겠나! 원력이 커야 수행도 깊어지는 법이지!"

불인스님은 방으로 돌아와 은사스님의 말씀을 곰곰이 생각을 했습니다.

'사람 몸 받기 어렵고 불법을 만나기도 참으로 어렵다고 하니, 지금 이 몸 제도하지 못하면 어느 때 제도하려나. 스님께서 나를 위해 좋은 말씀을 해주시는데, 이번에 굳은 원력을 세워 수행을 해야겠다.'

'나는 그 전부터 어머니처럼 자비스러운 관세음보살님이 좋았고, 염불에도 관심이 많았다. 관음진신을 친견하는 100일 기도를 드리자 관세음보살의 가피를 받아 생사를 벗어나고 가르침을 받아 저 인도의 무착보살처럼 훌륭한 사상을 이끌어내어 만 중생을 교화해야겠다.'

생각이 여기까지 머문 불인스님은 은사스님에게 제방에서의 수행을 허락받아 바랑을 짊어지고 강원도 깊은 산골로 들어가 허름한 시골집을 얻어 홀로 100일 기도에 들어갔습니다.

관세음보살 · 관세음보살 … 주야장천 간절히 정성껏 염불해 나갔습니다. 처음 하는 기도정진이 힘들었지만 열심히 기도하는 덕분인지 몸과 마음이 가벼워지고 세상이 아름답게 보이는 법열이 찾아와 때론 흥얼흥얼 노래를 부르기도 하였습니다.

90일이 되는 깊은 밤 잠을 자다 꿈을 꾸었는데 오색찬란한 광명과 함께 관세음보살이 나타나시더니 나의 이마를 어루만져 주시며 그윽한 음성으로

"기특하구나! 발보리심 해야지."

그 말을 듣고 눈을 뜨는데 꿈이 생시처럼 선명하여 기쁨을 가누지 못하였습니다. 비록 진신은 아닐지라도 꿈속에 나타나시어 나를 예뻐해 주시니 환희심이 절로 솟아났습니다. 신심이 절로 일어나니 환희심으

로 그 후 백일을 잘 마치고 불인스님은 관음진신을 친견하기 위해 깊은 산속에서 홀로 정진하고 있다고 합니다.

원력은 수행자에게 꼭 필요한 서약입니다. 미래를 설계하는 확실한 자기계발서입니다. 마치 용이 여의주를 품고 하늘로 올라서는 것처럼 멋진 위용과 숭고함마저 던져줍니다. 원력이 수행에 녹을 때까지 자신의 원력을 자주 점검할 필요가 있습니다.

제3부

정진과 용광로

수행방법과 체계

　신심과 원력을 갖추었다면 이제는 실천수행에 들어가야 합니다. 수행에 대한 마음의 결정심이 있고 미래에 대한 비전을 세워서 만들었다면 훌륭한 흰 도화지에 멋있고 아름다운 궁전을 그려낸 것입니다. 그러나 아무리 아름다운 궁전이라도 그림일 뿐 실천하여 정진하지 않는 불법은 나의 것이 되지 못하고 용두사미에 그치고 맙니다.

　현대인들 특히 젊은이들은 마음 닦는 수행에는 관심이 별로 없습니다. 바쁜 사회생활을 하다가 불행하고 고통스러운 일을 만났을 때에야 잠깐이나마 자신의 내면을 들여다보게 됩니다. 그러나 불행하고 고통스러운 일들이 지나가면 마음의 내면을 들여다보는 일은 다시 남의 일처럼 생각을 합니다.

　요즘처럼 물질이 발달한 시대는 없을 것입니다. 휴일이 다가오면 차를 타고 맛있는 산해진미를 먹으러 전국으로 다니지만, 정작 진실로 중요한 마음수행은 등한시하는 경우가 많습니다.

인생은 평생공부라는 말이 있듯이 우리들이 끝까지 포기하지 않고 평생을 바쳐 끝까지 해야 될 공부가 자신의 내면인 마음을 닦는 공부입니다. 왜냐하면 남녀노소 빈부귀천 모든 것의 근본은 마음이기 때문입니다. 마음 하나 잘 닦아 놓으면 성숙된 인격에서 뿜어 나오는 밝은 에너지 기운들이 많은 사람들에게 진실한 사랑을 주고받을 수 있는 주체적인 인생을 살아가게 됩니다. 또 마음수행에서 찾아오는 힐링의 행복은 세상의 무엇과도 바꿀 수 없는 적멸, 온 세상이 지극히 고요한 곳에 드러나는 빛과 보석 그리고 소리 향연의 웅장한 오케스트라는 진리의 극치라 할 수 있습니다. 그리고 우리들이 붓다가 될 수 있는 방법이 마음수행에 달려있습니다.

마음수행은 학문적 이론이나 생각의 이상만으로는 수행의 완성을 완전히 충족시키지는 못할 것입니다. 이론이나 계획은 올바른 길을 가고자하는 근거를 제시하는 그저 힘 있는 외침일 뿐입니다. 이론적으로만 파고드는 것은 깊은 마음과는 동떨어질 수도 있습니다. 달을 가리키는 손가락이 아니라 달을 직접 봐야 합니다. 정성껏 실천 정진하는 수행자가 바로 마음수행을 하는 학자요 석학인 것입니다.

영혼이 숨을 쉬는 것이 수행입니다. 현대인들에게 마음이 답답한 스트레스 그리고 정신질환 등은 마음이 충분한 호흡을 하지 못해서 생긴 체증입니다. 내면의 덕성을 등진 결과입니다. 뇌의 커넥톰이 바르게 이어지지 않기 때문입니다. 바닥에 좌복을 깔고 차분히 앉아 자신의 내면을 집중적으로 들여다보십시오. 얼마 후 마음에서 '휴' 하는 소리와 함께 막혔던 통로가 뻥 뚫리면서 나의 정신은 깨끗해지고 머리는 맑아질 것입니다.

"그리스의 철학자 아리스토텔레스(Aristoteles, 기원전 384~322)는 미덕(arete)과 지식(episteme)을 본질적으로 구별했습니다. 수학, 물리학, 화학 등은 수업을 듣고 책을 읽음으로써 지식을 습득할 수 있는 분야로 전적으로 이론을 학습하는 과정입니다. 하지만 미덕은 그렇게 공부할 수 없습니다. 미덕이 없다고 해서 학교에서 미덕 이론을 배울 수 있는 것은 아닙니다. 지식은 학습을 통해 얻을 수 있지만 미덕은 실천을 통해서만 얻을 수 있습니다. 덕성은 무엇보다도 습관이 중요합니다. 아리스토텔레스는 돌이 스스로 하늘을 나는 법을 터득할 수 없다는 것을 예를 들어 설령 하늘을 향해 돌을 1만 번 이상 던져도 이로 인해 돌이 스스로 하늘을 나는 법을 터득할 수 없다고 이야기했습니다. 미덕을 갖추지 않은 인간은 오직 반복적인 실천과 훈련을 통해 변화할 수 있다고 했습니다."

불도의 공덕도 이와 마찬가지입니다. 우물에 가라앉은 바위를 기도를 한다고 해서 떠올릴 수는 없다고 붓다께서도 말씀하셨습니다. 그러나 어리석은 영감이 산을 옮긴다는 우공이산(愚公移山)의 교훈처럼 꾸준하게 열심히 하는 기도는 바위를 물에 떠올리게 할 수 있는 여러 가지의 인연을 만나게 될 수 있는 것입니다.

불도는 반복적인 실천적 수행을 통해야지만 선정과 지혜가 원만히 밝아져 깨달음을 얻을 수 있고, 그 깨달음 안의 자비와 지혜의 공덕으로 중생을 멋들어지게 제도하여 인간과 천상의 큰 복밭(福田)이 되는 줄 알아야 합니다. 개중에는 닦지 않고 깨친 자가 간혹 없지 않았으나 그들도 출가 전이나 전생에 힘써 수행을 하여서 금생에 수행의 꽃이 핀 것이지 막연히 하늘에서 감이 떨어지는 것을 기다리는 것이 아니니, 불도를 닦고자 하는 이는 정진과 전진으로 자기계발에 최선을 다하는 수행자가 되어야 합니다.

불교는 수행의 종교입니다. 팔만사천 법문이 모두 수행을 하라고 하는 자비스러운 말씀입니다. 그러니 수행을 떠나서는 불교가 존립할 수 없으며 수행이 결여된 불교는 상상할 수 없는 것입니다. 모든 불법사상의 근본엔 수행이 깔려있어야 하고 수행이 꽃을 피워야 불법이 올바르게 발전하여 세상에 퍼져나가는 것입니다.

수행을 하면 고요한 진공 속에서 사물의 움직임을 보게 되며, 한가로움 속에서 사람들의 바쁜 일상을 알 수 있습니다. 바쁜 곳에 있을 때에도 한가한 자신을 바라보며 기쁨을 얻어 세속을 벗어난 정취를 얻을 수 있고, 시끄러운 곳에 있으면서 고요한 내면을 지킬 수 있는 것이 세상의 속도에 휘말리지 않고 생사에도 태연한 자신을 지켜나가는 안심입명(安心立命)의 도리를 깨닫게 됩니다.

『법구경』엔 이런 말씀이 나옵니다.

"악도에 떨어진 중생들은 인간을 부러워하고, 인간들은 천상의 신들을 부러워하며, 천상의 신들은 숲속의 수행자를 부러워하네."

악도에 떨어진 중생들은 생각할 수 있는 선과 악의 폭이 자유로운 인간을 부러워 할 수 있습니다. 또 인간은 사바세계의 받는 괴로움보다 천상의 즐거움을 즐기는 신들을 좋아하고, 천상의 신들은 자신들이 완전히 버리지 못한 번뇌와 속박에서 벗어난 수행자를 그리워하며 부러워할 것입니다.

이제 우리들은 수행자의 문에 들어섰습니다. 마음 닦는 수행은 자신을 위한 일이지 남의 일이 아닙니다. 세속적인 행복과 평화의 명상은 일시적인 감성에 지나지 않습니다. 불법수행은 자신이 자신을 구원하는 차원이 높고 안정적인 방법입니다.

수행으로 인한 안정감과 정미로움도 마음수행의 최종목표가 아닙니다. 자신이 스스로를 구원하는 무위진인(無位眞人)이 탄생해야 하는 것이 마음수행의 최종 목표입니다. 그러나 무위진인인 참사람이 태어나려면 한 번 크게 죽었다 허공을 뒤집고 다시 태어나야 합니다. 걸출한 일심의 용광로 속에서 용을 얻고 봉황을 얻고 사자를 얻어 다시 살아 나와야 합니다. 많은 수행자들이 죽기만 하였지 다시 살아나지 못하였습니다. 그것은 진정한 발심을 하지 못해서 그렇고 작은 것을 얻은 것에 만족하고 큰 뜻으로 앞으로 나아가지 않으려는 소작인에 불과합니다.

이 세상은 거저 얻는 것이 없습니다. 하물며 생사를 벗어나는 진정한 마음공부는 오죽하겠습니까? 자신의 신명을 바쳐야 불보살의 감동을 얻습니다. 많이 가지고 있는 자는 공부가 되지 않는 것이 마음수행입니다.

그러나 무서워하거나 두려워하지 마십시오. 그런 마음이 수행에 장애가 생기는 것입니다. 마음수행은 하고자 하는 사람에겐 꼭 길이 열린다는 것입니다. 굳은 마음으로 스스로 마주하는 숙명의 대면에서 자신을 밟고 올라서서 내면을 바라볼 때 수행은 익어지고, 금도끼 은도끼가 내면을 다듬는 곳에 공부는 발효하여 묵어지며, 별들이 나를 따라올 때 세상을 향해 공부를 펼칠 수 있는 것입니다.

죽은 공부로는 만 중생을 교화시키지 못합니다. 반드시 죽었다 다시 살아 나와야 합니다. 죽었다 다시 살아나는 것은 내외(內外)가 명철(明徹)하다는 것입니다. 내외가 명철하고 안과 밖이 서로 계합될 때 활연 자재하게 법을 쓸 수가 있습니다. 그렇게 하기 위해서는 올바른 수행을 해야 합니다. 올바른 수행이란 마음에서 이끌어낸다든지, 마음 안에서 얻는다든지, 마음을 회복하는 심법(心法)을 닦는 수행자가 바른 길을 가고 있는 것이지 갖은 감언이설로 짧은 시간에 또는 많은 돈으로 깨달음을 얻을 수 있다며 중생들을 현혹해서는 안 되겠습니다.

선가에 '고목송(枯木頌)'이라는 유명한 화두가 있습니다. 어느 한 노파가 수행을 열심히 하는 스님을 잘 모셨습니다. 암자도 지어주고 공양거리도 갖다 주면서 본인도 열심히 수행을 한지 3년이 지나자 노 보살도 그만 일행삼매를 얻게 됐습니다. 하루는 노 보살이 스님의 공부를 점검하고 싶어졌습니다. 노 보살은 손녀에게

"스님을 찾아가서 꼭 껴안아 봐라. 스님이 무엇이라 하는가."

하고 물어보라는 것이었습니다.

손녀가 암자로 찾아가 스님을 꼭 껴안자, 스님은 말하였습니다.

"고목나무에 매미가 붙어있는 것 같구나!"

따뜻한 온기를 전혀 느낄 수 없다고 합니다. 손녀딸에게는 유혹을 해도 번뇌 망념에 흔들림 없는 스님으로 보였습니다.

"아! 훌륭한 스님이구나."

그 길로 암자에서 내려가 할머니께 사실대로 일어났던 일을 말합니다. 그러자 노 보살은 화가 나서 암자를 불태워 버렸다고 합니다. 노 보살은 왜 암자를 불태워 버렸겠습니까?

스님은 여인의 유혹에 넘어가지 않았고, 고목나무에 매미가 붙어있는 것과 같다고 하였습니다. 그러나 스님의 소견은, 스님의 경지는 마음이 죽어 다시 살아나 활연 자재하게 법을 써야 하는데 번뇌를 눌러 죽이기만 하였지 다시 살아나지 못하여 나무도 죽고 매미도 살지 못하는 죽은 답을 내놓았던 것입니다. 암자에 불을 낸 노 보살도 허물이 있다 하겠지만 제가 스님이라면 이런 답변을 내놓겠습니다.

"온몸에 뜨거운 자비의 피가 흐르는구나!"

불법의 많은 수행방법 중에 일심칭명(一心稱名)의 관음선 수행법은

만 수행을 모아 회통시키고 안전하면서도, 만 사람이 닦으면 만 사람이 모두다 금생에 불과를 얻어 다른 사람의 스승이 되고 금생에나 내생에 확실히 붓다가 되는 진실한 공부방법입니다. 관음선은 관음염불 일심 칭명으로 자신의 소리를 듣고 자성관음을 바로 보는 최상승선이며, 내생의 정토왕생이나 소원성취의 기복적 기도정진을 아우르면서 금생에 깨달음을 얻는 오랜 전통을 이어가는 핵심 마음수행 방법입니다.

　이제 본격적으로 자성관음을 발현하는 방법과 수행체계를 안내해 드리겠습니다. 먼저 방법론으로 들어가기 전에 게송을 한 편 음미해 보기로 하겠습니다.

　一念念佛觀世音(일념염불관세음)
　念到念窮無念處(염도염궁무념처)
　觀音光明遍三千(관음광명변삼천)

　오로지 일념으로 관세음보살을 염불하라.
　염불하는 생각이 지극하여 무념에 다다르면
　관음의 광명이 삼천대천세계에 두루 하리.

　이 게송은 자성관음이 발현된 게송입니다. 염불공부를 하거나 참선 수행을 하든지 간에 공부성취 비결은 지극정성으로 공부의 핵심을 잡고 일념을 만들어 가야 하는 것입니다. 그리하여 일단 일념만 만들어

놓으면 뚫지 못하는 관문(關門)이 없고 풀지 못할 업연(業緣)이 없는 것입니다.

많은 수행자들이 일념을 만들지 못해 공부의 진취가 없으니 방황도 하고 중도에 포기를 하는 것입니다. 불법 수행자는 이 일념을 통해야지만 취사선택과 모양에 집착하는 아집(我執)이 없어지고, 일념에 오랫동안 마음을 담근 공부는 무념에 이르고 무념에 이르게 되면 이런저런, 내 법 너의 법의 분별선택과 공에 집착하는 법집(法執)이 없어지며, 일념과 무념에 이른 후 일심이 도래하여야 마음의 근본인 붓다를 보아 견성을 하며 관음의 광명이 삼천대천세계 즉 우주에 두루 함을 볼 수 있을 것입니다.

일념과 무념과 일심은 수행자마다 차이가 있지만 일식지간 한 번에 찾아오는 돈오(頓悟)가 있고 일념과 무념과 일심이 기간을 두고 찾아오는 점오(漸悟)가 있습니다. 돈오와 점오는 기량 면에서는 조금 차이는 있으나 마음 밑에까지 들어간 심주(心主)이기에 같은 붓다의 권속들입니다. 견성한 후에도 억만 겁에 걸쳐 지은 나쁜 업과 습은 순간적으로 없어지지 않기에 해와 달이 뜨고 지고 바람이 일었다 수그러지는 곳에 몸과 마음을 맡기면 내외명철(內外明徹)하여 천하의 대장부가 되어 인간으로서 대적할 사람이 없는 것입니다.

관(觀)은 광명이니 무량한 일심이고

세음(世音)은 소리이니 무주의 일념이며

보살은 지혜이니 무상의 무념입니다.

세상에서 빼어나고 위대한 법을 구하는 수행자는 항상 긍정적인 마음을 가지고 착하게 살아야 합니다. 바른 마음가짐이 수행의 길을 바르게 걸어가게 하는 선생님이며, 결국에는 공부를 이루어지게 하는 에너지인 것입니다.

다른 사람이 욕을 하거나 모함으로 나를 무너뜨리려 할 때에도 마음이 흔들리지 말고 '나의 스승님' 하고 생각하며 웃는 얼굴 공경하는 마음으로 그들을 대한다면 나를 괴롭히던 사람들도 순화되어 나에게 도움을 주는 귀인으로 변할 것입니다. 그렇지 않고 화를 내거나 같이 욕을 하고 미운 감정만을 뿜는다면 자신도 망치고 남도 망치며 결국에는 공부가 삿된 길로 들어서고 말 것입니다. 욕을 하거나 모함으로 나를 무너뜨리려 할 때 마음이 동요하지 않는다면 큰 공부를 해 마친 것입니다.

상대방이 시기와 질투로, 또는 오해를 해서 때리려 할 때에도 독기 같은 악한 마음을 내지 말고 내가 지은 나쁜 업장을 녹게 해줄 스승이라 생각할 줄 알아야 합니다. 억울한 누명을 뒤집어 씌우더라도 불같이 화를 내며 누명을 벗으려고 안간힘을 쓰려다 더욱 큰 함정에 빠지게 되는 것을 보게 될 수도 있습니다.

사필귀정(事必歸正)이라 만사는 반드시 바른 곳으로 돌아가는 것입니다. 시간이 흘러 자연히 누명은 벗겨지고 만 사람의 존경을 받는다면 가장 성숙한 공부를 해 마친 것입니다. 참고 이겨내는 일은 쉬운 것이 아닙니다. 마음을 억눌러 돌이키지 못하니 기운이 탁해지고, 화를 녹이지 못하니 화병을 만들기도 합니다. 수행의 정진과 수행력으로 마음속에서 녹여버리고 이겨내라는 것입니다. 나중에 공부가 되어 안과 밖이 따로 없이 같아지면 비난과 칭찬에 아랑곳 하지 않습니다.

약 300년 전 일본에 백은(白隱, 1685-1768)선사 라는 유명한 스님이 한 분 계셨습니다. 그런데 이 스님을 마음속에 흠모하던 아랫마을 생선 가게 집 처녀가 임신을 하게 되었습니다.

처녀의 부모는 화가 나서 아이의 아버지가 누구냐고 처녀를 윽박질렀습니다.

부모의 물음에도 계속 대답을 안 하던 처녀는 엉겁결에 "백은선사!"라고 말해 버렸습니다. 처녀의 부모는 깜짝 놀라 곧바로 백은선사에게 달려가서 따지며 항의했습니다. 그 말을 잠자코 다 들은 백은스님은 "그런가!" 하고 웃어버리는 것이었습니다.

부모는 기가 막혀 아이를 백은스님에게 팽개치고 떠났고 마을 사람들은 모두 백은스님을 파계승이라 조롱하며 욕을 퍼부었습니다. 그러나 백은 스님은 아무 말도 하지 않고 마을사람들의 비난에도 아무렇지도 않다는 듯 젖동냥과 탁발로 아이를 정성껏 돌보며 잘 키우고 있었습니다.

그렇게 세월이 지난 뒤 참다 못한 처녀가 부모에게 이실 직고를 하게 됩니다. 아기의 아버지는 생선 가게에서 같이 일하는 청년이었다는 것이었죠. 처녀의 부모는 백은스님에게 달려가 백배 사죄하고 아이를 돌려달라고 빌었습니다. 백은스님은 또다시 아무 말 없이 이야기를 다 듣고 나서 "그런가!" 하며 웃으며 아이를 다시 돌려주었다고 합니다. 그리고 파계승이라는 오명은 벗겨졌으며 마을사람들은 백은스님을 더욱 존경하게 되었고 그 일화와 도가 고결하다는 백은스님의 소문이 사방에 퍼지는 유명한 스님이 되었던 것입니다.

이렇게 마음을 닦는 수행자. 자성관음을 발현하려는 관음선 수행자는 매사에 긍정적이고 열린 마음과 밝은 표정으로 살아가며 남을 위해 배려하고 보시할 줄 아는 수행자. 남이 잘되는 것을 축하해줄 수 있는 큰 그릇의 수행자. 시기질투를 거두어 수행의 채찍질로 자신을 때릴 수 있는 수행자. 먼저 사람의 됨됨이가 된 수행자가 공부성취의 지름길임을 알아야 할 것입니다.

자성관음을 발현하는 관음선 수행은 깨달음에 의미와 목적을 두어야 합니다. 그래야지 수행이 정성스럽고 간절한 힘이 생기고 활기찹니다. 관세음보살 일심칭명은 내 안의 관음을 찾아 발현하는 수행입니다. 자성관음을 발현하여 깨달음에 이르고 그 깨달음을 만인에게 회향하는 일입니다. 붓다는 깨달음을 얻고 중생을 위한 진리의 설법과 자비의 마음을 전해 삼계의 스승이 되신 것입니다.

관세음보살 일심칭명은 자신이 관세음보살이 되는 확실한 근거의 최상승 관음선입니다. 누구든지 할 수 있게끔 쉽고 불과(佛果)성취가 빠르며, 간화선과 묵조선 그리고 염불선을 아우르는 지금 시대에 알맞은 통합수행법입니다.

관음선 수행자는 일상생활 중에 공양을 많이 먹지 말고 또 억지로 적게 먹지도 말며 단지 포만감이 들지 않게끔 공양을 드셔야 합니다. 처음부터 억지로 오후 불식이나 일종식 또는 단식을 한다고 하는 수행자가 있습니다만 권하지는 않습니다. 공부가 되어가고 익어지면 자연히 음식을 조절할 수 있게 되어있습니다. 처음부터 억지로 공양을 줄여 도리어 수행에 방해가 되는 경우가 있으니 주의하여야 합니다.

수행자는 육식이나 술과 담배 그리고 자극적인 오신채를 피해야 합니다. 이런 것을 즐겨하는 분들은 기운이 탁하고 냄새도 밖으로 풍겨 나오게 되어있습니다. 그리고 수행에 방해되는 음심(婬心), 진심(嗔心), 탐심(貪心), 치심(癡心)을 도와주는 음식이기에 피하는 것이 좋습니다. 그리고 마구니들은 이런 것을 섭취하는 사람들을 좋아하고 따라다닙니다.

수면도 마찬가지입니다. 억지로 줄이려하지 말고 규칙적인 수행생활 속에서 수면시간의 계획을 세우는 것이 좋습니다. 번뇌 망상이 조금씩 사라지고 몸과 마음이 가벼워지면 잠도 저절로 줄어들고, 잠들고 일어났다 하는 것을 자신의 마음대로 할 수 있습니다. 수행자는 수면을 취해야 합니다. 한 숨 자고 일어나 또렷하고 강한 정신으로 일심칭명을 해야 되지 않겠습니까. 졸음에 휩쓸려 공부에 진취가 없는 것은 불행한 일입니다. 그러나 수행은 멀리하고 잠에 빠져 게으른 수행자는 관음선

가풍에 들어오지 못할 것입니다.

관음선 수행자는 음행을 멀리하여야 합니다. 음행을 범하면 청정종
자를 끊는다고 합니다. 수행자에게 무서운 것은 음행입니다. 고인이 말
씀하시되 음행에 한 번 빠지면 헤어나오기 어렵고, 온통 그 생각에 수
행이 마음에 들어가지 않나니 항상 멀리 여의라고 하였습니다.

관음선 수행자는 규칙적인 생활과 수행으로 게으름을 꾸짖고, 하심
하며 착한생각과 점잖은 행동으로 타의 모범이 되어야 합니다. 가벼운
산책과 노동은 수행과 건강에 두 가지 이상의 이익과 도움이 있습니다.
공양 후나 한가한 시간에 계획을 세워 실천하는 가벼운 운동과 일은 졸
음이 오거나 정진이 잘 안 될 때 새로운 마음이 솟아나기도 합니다.'

수행자는 붓다의 후보자입니다. 붓다의 아들인 수행자들이 자신을
절제하지 못하고 남을 괴롭히고 사회의 비난과 조롱거리가 된다면 부
끄러운 일이 아니겠습니까! 만약 잘못과 허물을 범했다면, '잘못했습
니다. 다시는 그러지 않겠습니다.' 몸과 마음으로 정성껏 참회하고 개
인과 그리고 세상의 행복과 평화를 위해 축원하며 발심하고 재발심하
여야 합니다.

관음선 수행자가 부지런히 닦아야 할 것과 멀리 여의여야 할 것들을
열 가지로 간추려서 요약을 해보았습니다. 수행을 하기 전에 소리 내어
읽어보는 것도 좋고 마음의 좌표로 삼으셔도 좋습니다.

대게 큰 그릇에 큰 보물을 담을 수 있고 작은 그릇에는 작은 보물이

담깁니다. 또 새 술은 새 부대에 담으라는 말이 있습니다. 수행자 이전에 사람이 먼저 되고, 진리를 가까이 하며, 마음을 넓고 깊게 만드는 일은 무엇보다 중요합니다. 그리고 항상 새롭게 태어나 정성을 기울여 관세음보살 일심칭명을 한다면 깨달음은 멀리 있는 것이 아니고 내 손바닥의 진한 운명의 손금 안에 들어있는 것과 마찬가지입니다.

그리고 수행자는 청빈해야 합니다. 가난을 즐기라는 말입니다. 많이 가지고 있으면 분명히 수행이 되지 않습니다. 맑은 가난은 수행자를 공부의 길로 이끕니다. 청빈한 삶은 수행을 거룩하고 아름답게 익히는 촉매제입니다. 가난하다고 부끄럽거나 비참하게 생각하지 마십시오. 혹여나 원력을 펼칠 때 부지불식간에 생기는 재물도 법답게 다루어야 하고 어렵고 가난한 중생과 만 중생을 위하여 잘 써야 되겠습니다.

오사근습(五事勤習:다섯 가지 일을 부지런히 익혀라)

· 열심히 수행정진 하라.
· 선행을 하라.
· 큰 원력을 가져라.
· 자비심을 가져라.
· 끊임없이 공부하라.

오사원리(五事遠離:다섯 가지는 멀리 여의어라)

· 화내지 말라.

· 술 먹지 말라.

· 음행하지 말라.

· 많이 먹지 말라.

· 자랑하지 말라.

　자성관음을 발현하는 염불칭명을 하려면 처음에는 대중과 함께 하는 것이 좋습니다. 처음 하는 수행정진은 뜻대로 되지 않는 경우가 많습니다. 생각 같아서는 금방 깨달음을 얻을 것처럼 느껴지는데 이 공부는 쉽사리 이루어지는 공부가 아닙니다. 그렇다고 어려운 생각을 일으켜 물러나지 마십시오. 한 고비만 넘어서 공부가 자연히 이루어지면 이 공부만큼 훌륭하고 위대한 것은 없습니다. 많은 선지식들이 자신의 인생을 바쳐서 공부에 매진하는 것은 그만한 대가가 있어서입니다. 그것은 붓다의 자리에 오를 수 있기 때문입니다.

　불법은 보리심을 일으키고 공덕을 쌓아야만 깨달음에 이를 수 있습니다. 대승의 바른 보리심을 내어 대중 속에서 정진하는 것은 수행자라면 꼭 해야 할 일입니다. 불가에는 대중이 공부를 시켜준다는 말이 있습니다. 대중생활에서 거칠고 가시가 많은 성격과 마음들이 깎기고 다듬어져 도를 쌓을 수 있는 훌륭한 재목이 만들어집니다. 그리고 대중생활에서 수행의 기초를 다지면서 배우고 미래를 계획할 수 있는 것입니다. 그러나 여러 가지 사정으로 대중생활을 할 수 없는 분들은 혼자 수행해도 어쩔 수 없습니다.

전문기도 도량이나 염불도량에서 대중과 함께 큰 소리로 칭명을 하십시오. 대중과 옳고 그름을 따지거나 잡담을 하여 칭명공부를 잊어서는 안 됩니다.

큰소리를 내어 칭명을 하면 많은 것들을 얻을 수 있습니다. 고성염불 십종공덕(첫째: 능히 잠을 없애주는 공덕이 있다. 둘째: 천마가 놀래고 두려워하는 공덕이 있다. 셋째: 염불소리가 온 시방에 두루 퍼지는 공덕이 있다. 넷째: 삼악도의 고통을 쉬게 하는 공덕이 있다. 다섯째: 다른 소리가 들리지 않는 공덕이다. 여섯째: 염불하는 마음이 흐트러지지 않는 공덕이 있다. 일곱째: 용맹 정진하는 공덕이다. 여덟째: 모든 부처님이 기뻐하시는 공덕이 있다. 아홉째: 삼매가 뚜렷하게 들어나는 공덕이 있다. 열째: 정토淨土에 가서 태어나는 공덕이 있다.) 외에도 담력이 세지고, 주체적인 개척정신이 강해지며, 목소리가 힘차고 맑아집니다. 한(恨)으로 응어리진 암적인 기운들을 풀어주고, 몸과 마음에 새로운 수화(水火)가 돌아가니 더럽고 탁한 기운들과 나쁜 병들이 배출되어집니다.

새롭고 유익한 영적인 세포들이 나타나고 고쳐지니, 움추리고 굳어있던 내·외면이 바르게 펴지면서 대상에 대한 긍정적인 생각이 활성화되며, 굳어지고 끊어져버린 뇌의 커넥톰이 건강해지고 되살아나서 뉴런과 시냅스의 활동이 활발해 기억력이 좋아지고 뇌질환이 치료됩니다.

나를 괴롭혔던 악업이 선업으로 바꾸어지면서 복이 쌓여지고 이전과는 전혀 다른 새로운 인간으로 태어나는 것입니다. 좋은 것은 보완하여 주고 나쁜 것은 고쳐주는 것이 고성염불의 효과이며 처음 관음수행에

입문하여 정진하는 수행자에게 나타나는 1차적인 효능들입니다. 물론 이외에도 많은 이익을 얻을 수 있습니다. 이런 일들은 수행에 대한 두려움과 게으름, 그리고 인내 등 자신과의 싸움에서 이기고 열심히 수행하여 얻은 작은 선물에 불과합니다.

"좌선을 하면 과학적으로 대뇌의 구조가 변한다"는 연구결과가 나왔습니다. 불교수행이 미신이 아니고 사람들에게 신비함을 강조하고 정신을 홀리는 종교가 아니라 과학적 연구에 따른 발표가 나와 획기적 토대를 마련하였습니다.

2011년 미국의 메사추세츠 종합병원의 한 연구결과에 따르면 좌선 8주 후 실험에 참가한 사람들의 대뇌구조가 변했다고 합니다. 이것은 과학자들이 처음으로 연구 실험하여 증명한 것으로서 이런 전통적, 종교색채를 띤 좌선수행은 대뇌구조를 변화시킬 수 있다고 합니다.

연구원들은 좌선하는 사람들의 대뇌구조가 차이를 나타나는 것을 이전 연구결과에서 발견하였습니다. 연구원의 보고서에 따르면, 8주 동안 좌선수련을 통해 참여자의 기억, 자아감각, 동정과 스트레스에 관계되는 대뇌구역에 측량할 수 있는 많은 변화가 발생한 것입니다.

메사추세츠 종합병원 신경영상학 교수 사라 라자르(Sara Lazar)는 "좌선수련은 비록 조용하고 느슨한 신체 운동이지만 좌선하는 사람은 좌선이 인지와 심리상 다양한 좋은 점이 있고 좌선한 후 하루 심신이 유쾌했다고 밝혔다. 우리의 이 연구도 사람들이 시간을 내 느슨히 좌선을 하면 심리적으로 더욱 좋을 뿐만 아니라 대뇌구조가 모두 실질적으로 변한다는 것을 나타낸다."고 말했습니다.

16명의 실험 참가자가 실험을 시작하기 2주 전과 좌선수련을 8주한 다음, 연구원은 그들의 대뇌구조를 스캔하고 대조 분석을 하였습니다. 참가자는 매주 한 번 만나서 함께 좌선수련을 하고 집중적 비주관 의식의 감각, 감정과 의념을 유지했으며, 참가자는 또 오디오로 매일 좌선을 지도 받고 매일 연습시간을 기록했습니다. 좌선에 참가하지 않는 한 팀을 구성해 그들의 대뇌구조도 역시 함께 스캔해 검사를 했던 것입니다.

좌선 팀은 매일 평균 27분 좌선을 실시했는데, 명상문답 조사결과 그들의 염력(念力)이 이전보다 명확히 개선되었고, 주로 조기연구를 할 때 발견한 좌선 참가자의 대뇌에 나타난 차이에 대해 과학자들은 중점적으로 분석하고 연구를 했는데, 해마(hippocampus)의 회색질 밀도가 증가되었습니다. 해마는 기억과 학습능력을 관장하는 중요한 부위입니다. 사람의 자아의식, 동정심, 반성의식과 관계되는 대뇌구조입니다. 회색질은 대뇌조직이고 그중 신경세포가 포함된 것입니다.

좌선을 한 사람들은 스트레스, 대뇌 회색질(불임과 스트레스를 관장하는 뇌 조직) 밀도가 감소되었지만 그렇지 않은 대조군에서는 변화를 보이지 않았습니다.

메사추세츠 종합병원 연구팀 브리타 홀젤(Britta Holzel) 박사는 "대뇌의 가소성(고체가 어떠한 힘을 받아 형태가 바뀐 뒤에 그 힘을 없애도 본래 모양으로 돌아가지 않는 성질)은 사람의 관심을 강하게 불러일으킨다. 간단한 명상좌선은 대뇌구조가 변화하는 데 적극적인 작용을 발휘할 수 있어 우리의 행복감과 삶의 질을 높일 수 있다. 또 환자나 사람들을 대상으로 한 기타 연구에서도 명상좌선은 분명히 각종 증상을 개선시킨다. 우리는 현재 대뇌의 이런 변화를 촉진하는 기본 체제를 연구하고 있다."고 했습니다.

마이애미 대학의 신경학자 아미시 자(Amishi Jha)는 "비록 메사추세츠 종합병원의 이번 연구에 참여하지는 않았지만 명상은 스트레스를 감소시킨다"며 이 발견을 높이 평가했습니다. 그는 "진일보로 더 많은 가능성 연구를 위해 예를 들면, 스트레스와 관련된 질병, 외상 후 스트레스 장애를 방지하는 많은 큰 문을 개방한 것이다."고 밝혔습니다.」

고성 칭명염불에서 다른 잡스러운 생각들을 버리고 안 밖의 만 가지 인연을 놓아버리고 오직 '관세음보살'의 일념을 만들어가야 합니다. 일념을 만들기 위해 부단히도 노력을 해야 합니다. 비록 입으로는 명호 칭명이 자유롭고 잘되어진다고 하지마는 아직 생각과 마음으로는 뜻대로 깨끗한 칭명이 되지 않고, 끊어지는 횟수가 자주 반복되며 끊어지는 시간이 길어질 수 있습니다. 여기서 간절하고 정성껏 명호를 붙들고 힘차게 밀고 밀어붙여야 합니다.

정말 정성이 붙어야 하고 간절한 칭명을 요구합니다. 간절한 칭명은 의정심이 붙은 화두와 같은 것입니다. 명호를 화두삼아 화두를 들듯 끊어지지 않고 서로서로 이어져 나가야 하는 것입니다. 가나 오나 앉으나 서나 밥을 먹거나 잠을 자거나 무엇을 하던지 관세음보살을 잊지 않으려는 노력을 기울여야 합니다. 옛 말씀에 "복은 지은대로 가고 과도 심은 대로 거두며, 공은 베푸는데서 만들어지며 덕은 쌓은 대로 간다"는 말이 있습니다. 수행도 노력한 만큼 얻을 수 있는 것입니다.

　공부에 힘이 붙지 못하는 것은 간절한 진정심이 없기 때문입니다. 자신에 대한 강한 애착심이 있기 때문에 우러나오는 힘이 없는 것입니다. 다시 호흡을 가다듬고 애절하게 칭명을 잡습니다. 그렇게 시간이 지나고 세월이 흐르면서 자꾸자꾸 하다 보면 어느덧 칭명이 또렷해지고 내면에서 강한 에너지가 올라오는 것을 느낄 수 있습니다. 여기서 힘을 더해 가면 관세음보살 명호가 내면에서 떠나지 않고 한 덩어리가 되면서 일념이 조금씩 만들어지는 것처럼 느껴집니다. 그러나 잠시 다른 생각과 일을 하거나 잠시 떠났던 인연들이 찾아오면 정성껏 만들어 놓았던 공부는 쉽게 사라져 버립니다. 그러나 걱정하지 마십시오. 당신의 공부는 마음속에 숨어있어서 알지 못하는 것이지 다른 곳으로 가버리거나 사라져 없어진 것이 아닙니다.

　이 시기에 다다를 즈음에는 자신의 공부가 내 안에 있나 점검도 해볼 필요가 있습니다. '자신의 공부점검' 이라는 것은 회광반조(回光返照)를 시작하는 부분이기 때문입니다. 여기까지 잘 이끌어 왔습니다. 열심히 지어간 만큼 환희심이 생기고 용맹 정진하고픈 마음도 생겨나고 수행자라는 인생의 길을 선택한 자신에게 뿌듯한 보람을 느낄 것입니다.

이제 본격적으로 좌선(坐禪)에 들어가야 합니다. 선에는 행주좌와 (行住坐臥)어묵동정(語默動靜)에 분별 없이 행하는 것이 진정한 선이지만 발심 수행자에게 힘차고 세밀하게 공부를 지어가는 방법은 좌선만한 것이 없습니다.

선(禪)은 붓다의 마음입니다. 교는 붓다의 말씀이고, 율은 붓다의 행동이라고 합니다. 명호칭명은 붓다의 마음과 말씀 그리고 행동을 바로 이어받을 수 있는 보편적인 수행입니다. 칭명 수행공부 한 번 잘해 놓으면 붓다의 마음을 단 번에 알아차리고 중생을 위해 대변재(大辯才)로 법문하여 감동을 이끌고 자비스러우면서도 위엄 있는 행동으로 중생의 존경을 받으니 붓다가 중생에게 바로 전하는 심법(心法) 중에 제일인 것 같습니다.

조용하고 한가한 곳에 좌복을 깔고 가부좌를 하고 편안히 앉습니다. 결가부좌나 반가부좌 중 한 좌선의를 선택합니다. 결가부좌는 오른쪽 발을 왼쪽 허벅지 위에 겹치고, 그리고 왼쪽 발을 오른쪽 허벅지 위에 포개는 것입니다. 반가부좌는 오른쪽 발을 낭심 밑으로 깊숙이 집어넣고 왼발은 오른쪽 허벅지 위에 올려놓고 양 무릎 옆 밑바닥을 좌복에 붙여줍니다.

가부좌가 익숙하기 전에는 다리가 저리고 아프며 몸도 불편합니다. 그럴 때에는 너무 참지마시고 다리를 바꿔가며 앉도록 합니다. 어느 정도 익숙하여도 오래 앉아있으면 다리의 저림 현상이 여전히 일어나는데 이때에는 발이나 발가락을 살짝 움직여주면 많이 가벼워집니다.

전후 좌우로 몸을 일렁이면서 엉덩이와 좌복 사이가 뜨지 않도록 잘 밀착시켜 줍니다. 그리고 허리를 곧게 세우고 몸은 힘을 뺍니다. 허리가 접히거나 뒤로 기울지 않게 해주어야만 합니다. 손에 힘을 주지 않고 대삼마야인(大三摩耶印 또는 법계정인法界定印: 오른손바닥에 왼손바닥을 포개어 엄지손가락 끝을 서로 맞대어 이어줌)을 만들어 단전(丹田) 지점에 살포시 올려 둡니다.

턱은 살며시 당기고 눈에 힘을 빼고 2m 전방을 주시합니다. 입은 가지런히 하여 다물고 혀는 입천장과 윗니가 만나는 천정부분에 살며시 붙여줍니다. 그리고 코로 숨을 하단전까지 깊이 들이마시고 내뱉기를 3·4회 정도 해주면 몸과 마음이 정화되어 칭명하기 좋은 여건이 만들어지는 것입니다. 이제 관세음보살을 마음으로 칭명하면 됩니다.

수행 중의 호흡은 무의식의 편안한 복식호흡을 권장합니다. 수식관이나 의식이 가는 단전호흡은 권하지 않습니다. 칭명에 몸과 마음 그리고 호흡을 맡기라는 것입니다.

칭명이 잘 안 되시는 수행자는 입선에 들기 전에 작은 소리를 내어 3·4회 정도 칭명하다가 묵언칭명을 하면 잘 들릴 것입니다. 처음에는 칭명이 잘되지 않습니다. 좌선하는 몸도 불편하고 칭명하는 주체도 또렷하지 못하고 흐리멍텅하며 사이사이가 이어지지 못하고 끊어집니다.

입으로는 잘 나오지만 마음 안쪽으로 들어가니 주인은 없어지고 객이 주인노릇을 하려고 듭니다. 이것이 칭명염불수행의 어려운 부분입니다. 칭명염불이 쉽다 하지만 생각생각 이어져 나가는 것이 어렵고, 생각생각 이어져 나가는 것이 수행의 핵심이며 핵심을 오랜 시간 지속하는(念念相續) 분들이 그리 많지 않을 것입니다. 그래서 「중각보왕삼매염불직지」에서는 염불은 간단하고 쉽지만 끝까지 궁구하기는 어렵다는 말을 합니다.

정성을 들인 간절한 칭명을 해야만 합니다. 이것이 화두의 의정심처럼 마음 깊숙이 들어가 눈을 뜨는 방법입니다. 알에서 깨어나는 병아리의 간절한 생명력입니다. 그렇게 해야 생각생각 이어져 나가는 칭명을 할 수 있습니다. '관세음보살'이란 칭명성호가 바닥에 놓여 떠올라 바라봐야 합니다. 진심(眞心)이 담긴 소울(Soul)의 파장이 느껴지는 칭명을 해야 합니다. 일념과 무념과 일심은 그렇게 쉽게 이루어지는 것이 아닙니다. 정성을 들인 간절한 칭명, 진심(眞心)이 담긴 소울(Soul)의 파장 칭명은 바로 돈오로 가는 지름길이요, 당신의 수행이 수직으로 올라서는 향상을 느낄 수 있을 것입니다.

소리 내어 칭명을 하고 좌선하여 관음선을 병행한다면 일념을 빠르게 얻을 수 있을 것입니다. 그리고 금강경 독송이나 솔선수범하는 선행을 익힌다면 관음선 수행을 도와주어 일취월장하는 나를 마주하게 될 것입니다.

관음선에서 빠질 수 없는 것이 회광반조입니다. 회광반조는 빛을 돌이켜 칭명하는 자신을 돌아보는 것입니다. 처음에는 밖으로 나가는 시야를 돌이켜 자신을 바라보지만 반조가 익숙하게 되면 내·외면이 계합하여 하나가 되어서 반조를 하지 않아도 자연스럽게 항상 자신을 비추어 바라보게 되어 자성관음을 친견하게 되는 것입니다. 회광반조는 자신의 마음을 들여다보고 관조하는 훌륭한 법문인 것입니다.

관음선을 닦으면 같이 수행이 되는 것이 이근원통입니다. 이근원통도 처음에는 소리를 돌이켜 듣는 자신을 바라보는 반향(反響)의 의식적인 행위를 하지만 익숙해지면 내가 내는 소리가 입과 혀를 통해 나오는 것이 아님을 깨닫고, 내면의 진공에서 아름답게 울려 퍼지는 소리의 향연을 들을 수 있으며 나아가 세상의 모든 소리와 파장이 나의 마음속에 들어있음을 알 때 관음(觀音)은 이제 밖의 일이 아니라 내 안의 일인 것을 알 것입니다. 관음선은 육근(안·이·비·설·신·의)을 모아 마음이란 용광로를 통해 온전히 하나로 만드는 우주적인 걸작을 완성하는 일입니다.

이제 당신은 완성되지는 않았지만, 마음을 모아 관세음보살을 칭명할 수 있으며 공부가 부드럽고 편안하며 악업이 녹아내려 몸과 마음이 맑고 시원함을 느낄 수 있을 것입니다. 번뇌망상이 끊기고 녹아 자성에 스며들어 너와 나 그리고 세상이 아름답게 보이는 법열(法悅)의 즐거움과 행복감을 만끽할 것입니다. 때로는 몸이 없는 것처럼 느껴지고, 생각이 텅 비어 맑은 것을 느끼니 공(空)을 알기도 합니다.

식이 맑아지니 식광(識光)이 비쳐 '내가 견성했다, 깨달았다'는 잘못된 오해가 들기 쉽습니다. 또 식이 맑고 밝아지니 미래를 정확히 예언

한다거나, 일반적인 눈으로 볼 수 없는 천기를 감득하거나, 남의 마음을 꿰뚫는 타심통이 열리기도 하며, 다른 사람의 전생·내생이 보이고, 다른 이의 수행경지를 판단하고, 좋은 사람 나쁜 사람을 분별하고 마음 깊이 슬퍼하고 즐거워하며, 생각만 하면 무엇이든지 이루어지고, 우주를 내다볼 줄 알고 진리를 스스로 만드는 등 육근을 통해 펼쳐지고 만들어지는 것들이 이루 헤아릴 수 없이 많을 것입니다. 더욱 자세하게 설명한 부분은 『능엄경』의 오십변마장(五十辨魔障)에 자세히 나와 있습니다.

그러나 이러한 일들은 견성을 했거나 깨달았거나 일념이 된 것이 아니라 식이 맑아져서 찾아오는 식광의 마(魔)경계라 할 수 있습니다. 여기에 이르러 아주 중요한 선택을 해야 합니다. 경계를 붙잡고 사용하느냐, 아니면 놓아 버려야 하느냐 중에 한 가지를 선택을 해야 합니다.

'내가 큰 깨달음을 얻었다.' 생각하고 경계를 붙잡아 사용하게 되면 불법대도와는 거리가 점점 멀어지게 됩니다. 마의 자식이 되고 마는 것입니다. 수행의 진취도 없습니다. 그러다 경계가 홀연히 사라지면 당황하게 되고 비참한 생각마저 듭니다. 일정기간이 지나면 없어지는 객(客)입니다. 객에 빠져 주(主)를 잊지 마십시오. 옛날 스님들은 이런 경계를 말하면 천마외도(天魔外道)라 꾸짖고 공부를 하지 말라고 하였습니다. 그러나 식광의 분신들은 법을 세우는 훌륭한 재목들입니다. 잠시 찾아온 식광과 신통의 신기루에 법이 세워져야 참된 것입니다.

공부를 멈추거나 다른 공부로 전환하지 마십시오. 어렵게 쌓은 공든 탑이 헛수고가 될 수 있습니다. 부디 그런 것들에 마음을 빼앗기지 마십시오. 이럴 땐 오직 경계에 끌려 다니지 마시고 다만 칭명만 꾸준히 해나간다면 경계는 저절로 사라지고 맑고 또렷한 마음이 지속될 수 있습니다. 한 고개 넘은 지금부터 순하기도 하고 거슬리는 일들이 당신의 마음 따라 일어나니 크게 기뻐하거나 크게 슬퍼하여 마음을 잃어버리면 바른 것을 잃고 삿된 것에 들어간다고 하니 조심하고 조심하여야 하겠습니다. 마음 하나 잘 쓰면 어지러웠던 일들도 잘 풀려지니 수행자들은 명심해야 하겠습니다.

열심히 꾸준히 수행한 결과로 꿈속에서 수기를 받기도 하며, 큰 원력을 세워 관음화신에게 기특하다는 칭찬을 받고 능력을 부여 받기도 합니다. 여기서 머물지 말고 더욱 수행에 채찍을 가하여야 합니다. 낮과 밤을 이어서 주야장천(晝夜長川) 정진을 하여야 합니다. 때로는 용맹정진하여 나를 잊고 관세음보살 속에 푹 빠져 지내야 합니다. 마음속에서 칭명이 저절로 이루어져 나가는 일념을 만들어야 한다는 것입니다.

조용하고 시끄러운 일상처 어느 곳에 있던지 간절한 관세음보살 칭명이 오랫동안 끊어지지 않고 우러나오니 일념이 되고, 생각과 마음이 지극히 고요하고 맑고 밝은 것이 오매(寤寐), 한 생각이 저절로 '딱' 하고 끊기고, '뚝' 하고 끊어져서 무념에 이르러 자신을 돌이켜 보니 내가 옛적부터 관세음보살이란 것을 깨닫게 되어 무한한 행복과 평화를 만끽하며 하염없는 눈물을 흘리기도 하고 큰소리로 걸출하게 웃으며 걸림 없는 춤을 추게 될 것입니다.

마음 안에 들어와 몸과 마음이 편안하고 잔잔한 미소를 머금으며, 거침없는 선기(禪氣)를 내뿜어 사람들을 감동시켜도 아직 공부가 완성되지 않은 것이니 수행의 끈을 놓아서는 아니 됩니다. 문수보살의 뺨을 때려 보살을 당황하게 만든 무착문희(無着文喜)선사처럼 어디에도 꺼릴 바 없는 대자유인이 되어야 합니다. 즉 스승을 딛고 올라서서 만천하에 사자후를 쏟으라는 것입니다.

지금까지의 공부는 인위적인 유위(有爲)의 수행으로 공부를 지어갔지만 이제 부터는 무위(無爲)의 수행으로 들어가야 합니다. 도인과 중생 사이의 차이점을 들자면 많은 것들이 있겠지만 그중 대표적인 것이 유위와 무위의 차이입니다. 유위는 인연에 의해 만들어지며 생멸 변화하는 현상이고, 무위는 인과관계를 여의어 생멸 변화를 넘는 상주불변의 존재인 것입니다. 유위의 삶을 사는 중생들은 인위적으로 조작하여 틀에 맞춰 만들어나가는 것입니다. 그러나 무위의 도인은 인위적이지 않고 일부러 만들어내지 않고 순수한 본연의 마음을 따르려고 합니다.

하수는 무엇 하나 만들라고 하더라도 인공적인 안간힘을 쓰고 덧붙이려고 애를 쓰고 자신의 존재를 내세우지만, 고수는 자신이 마음 가는 대로, 손과 발이 가는 대로 순수한 영혼의 기운을 대상에 불어넣어 생명력을 가지게 합니다. 즉 하수는 본인만 주인공 노릇을 원하지만 고수는 우리 모두 활짝 피어나는 주인공의 세상을 기다리고 있는 것입니다.

당신은 이제 일념과 무념을 거쳤습니다. 그래서 저절로 마음에서 우러나오는 관세음보살을 칭명하는 자신을 바라보며 번뇌가 없어진 선열(禪悅)을 즐깁니다. 한없는 행복감과 평화가 밀려오니 할 일 다 마친 훌륭한 대장부라 생각 할 수 있을 것입니다. 업장이 녹아 맑고 밝은 천진한 관세음보살의 모습에 사람들은 환희심을 느낍니다. 칭찬과 비난에도 큰 동요 없이 자신을 지켜 나갑니다. 붓다와 성인들의 말씀을 이해하게 되며, 법화와 화엄이 가진 진공묘유의 세계를 인정합니다. 언뜻 성인의 경지에 들었다는 생각을 가지게 됩니다. 그러나 마음에 무언가 부족하다는 생각이 밀려옵니다. 선지식을 친견하여 조언을 구하다가도 그 선지식이 아직 자신의 공부에 미치지 못하다는 생각도 가져봅니다. 경전에서 찾아보아도 속 시원한 답을 얻기도 어렵습니다.

마음 안으로 들어왔으나 아직 깊이 들어오지 못하고 일심이 되지 못해서 안과 밖이 하나가 되지 못한 완성된 공부에 이르지 못한 것입니다. 속이 꽉 찬 관세음보살이 되어야 하는데, 속이 들어차지 않은 약간 어설픈 관세음보살인 것입니다.

이때에는 관세음보살 칭명을 잊지 말고 칭명과 마음이 하나 되는 일심칭명이 되어져야 합니다. 일심칭명은 마음 깊은 곳에서 중심을 잡아 다시 올라오는 칭명입니다.

애써 정진하려고 하지 말고 자연스럽게 배고프면 밥 먹고 졸리면 잠을 자면서 단지 일상생활에서 간절하고 정성껏 칭명하는 마음을 관조하며 나도 잊고 세상만사를 잊고 대자연과 우주 속에 모든 것을 내려놓습니다. 시간이 가고 세월이 흘러 마음속에서 자성관음의 광명이 조금씩 흘러나옵니다. 연꽃이 홀연히 솟아오르기도 합니다. 세상의 그 어떤 광명도 따라오지 못하는 깨끗하고 밝은 빛이 진공 속에서 이글거립니다. 그러나 집착심은 금물입니다. 내외의 구분이 없어져 눈앞에서 진공묘유의 현상이 펼쳐집니다. 깊은 곳에서 올라오는 순수한 칭명이 오랜 시간 이어나가자 일심이 이루어집니다. 시공간이 사라진 깊은 집중 속에서 마음의 눈을 뜹니다. 내 마음과 우주가 계합하여 하나가 되어버립니다. 허공이 녹아내려버리고 내면에서 우레와 같은 소리가 울려 퍼지며 신령스럽게 이글거리는 자성관음의 백색 태양이 떠올라 나를 비춰주고 우주를 비춰주는 가운데 미묘한 범음이 허공에 울려 퍼집니다.

이제부터 살아갈 인생은 생사를 벗어나 천하에 걸림이 없고 흔들림이 없는 대자유인이고 대장부요, 자비와 지혜의 연꽃 속에 들어앉은 관음보살이요, 관음의 위신력을 이끌어내는 주체자요. 중생의 아픔을 사랑하고 안으려는 평화의 전도사요. 법을 걸림 없이 쓰는 대자유인입니다. 때를 만나 세상에 나와서 중생의 이익을 위해, 생사의 고통과 세상사의 고통과 고난을 위해, 안락을 위해, 관음의 마음과 법음을 사용하여 중생들에게 감동과 환희의 행복, 그리고 법을 체험하는 역사적인 순간을 위해 온몸과 마음을 바쳐야 하겠습니다.

수행은 원래 긴 말이 필요 없고 끊임없는 실천의 정진을 요구하지만 아직 수행문에 들어오지 않은 학인들을 위해 노파심으로 주먹구구식이 아닌 보다 체계적으로 자성을 깨닫기 위한 수행단계를 세워 도움을 주기 위함입니다.

첫째, 발심기(發心期) - 발심은 발보리심의 준말로 불도를 구하는 구도심이며, 중생을 교화하려는 붓다의 마음입니다. 모든 불보살들과 선지식들은 하나의 공통점이 있었습니다. 사무치는 무상함에서 자신을 바라보며 자각하는 관점입니다. 이 무상함에서 불도에 대한 간절함이 이어져 출가를 하고 불도를 깨닫기 위해 정진을 합니다. 결국 그들은 불도를 이루어 중생을 교화하는 데 일생을 바칩니다. 그래서 발심은 무엇보다 중요합니다.

그러나 발심이 바르지 못하고 순수하지 못한다면 도달하는 목적지와 결과는 천지의 차이가 날 수 있습니다. 술수를 써서 사람들의 눈과 마음을 현혹하여 이익만을 취한다면 죄를 짓는 것이며 악의 구렁덩이에 빠지게 되는 것입니다. 우리가 잘 알고 있는 신통제일의 목련존자도 교화 길에서 이교도가 던진 돌에 맞아 처참한 최후를 맞이하였습니다. 신통제일인 존자가 왜 돌에 맞았겠습니까? 불법을 알고 인과를 알았기에 목련존자는 비록 겉모습은 처참하나 아름다운 환희의 열반에 들었던 것입니다.

꼭 불도를 이뤄 붓다가 되어서 이 세상 모든 중생들을 교화하고 행복과 안락의 길로 이끄는 대원력의 발심, 대보살이 되어서 이 세상의 빛과 소금처럼 중생들을 자비심으로 포근히 안으려는 청정한 발심 등이 그것입니다. 수행자는 자신의 발심을 재차 확인하는 자세를 가져야 합니다. 힘들고 어려운 시점이나 상황에서 발심은 언제나 땅을 짚고 일어나 평정심을 잃어버리지 않고 바른 길로 이끌며 결국에는 아름다운 열매를 맺게 할 것입니다.

오늘도 바른 발심, 내일도 대원력의 발심, 모레도 청정한 발심을 이어 나가시기 바랍니다.

둘째, 칭명기(稱名期) — 관세음보살을 일심칭명하는 관음문에 들어 오면 평생토록 수지하고 칭명을 하여야 합니다. 이 관음문은 빛과 소리의 본체로 많은 선지식들이 이 문안에서 힘을 얻었습니다. 칭명수행을 통해 업장이 녹아내려 마음과 모습이 그분과 닮아가는 것에 묘한 매력이 있습니다.

관세음보살을 화두삼아 간절하면서도 정성껏 명호를 불러야 합니다. 그리고 칭명하는 나를 돌이켜 보는 회광반조를 시작해야 합니다. 큰소리로 칭명을 하면 더욱 좋고, 처음에는 서서 합장을 하면서 칭명을 합니다. 그래서 익숙해지면 좌선을 통해 내면에서 칭명을 합니다. 처음에는 잘 되지 않지만 명호가 눈에 선명히 드러나야 합니다. 마음에서 우러나오는 칭명은 생각만큼 잘 잡히지 않을 것입니다. 정확하지 않고 불규칙적으로 희미해지니 답답하고 속상할 때도 있습니다. 이러할 때에도 오로지 일념(一念)을 만들려고 노력을 해야 합니다. 오로지 명호를 잡고 힘차게 밀고 나가면 어느덧 편하게 숨을 쉴 때가 있을 것입니다.

시간이 가고 날이 지나며 달이 찾아오고 년이 찾아들면 그 전과는 한결 가볍고 부드러워지는 것을 알 수 있을 것입니다. 칭명이 순일하게 되니 깨달음이 멀지 않은 것 같습니다. 그러나 아직 멀었습니다. 칭명하는 생각이 끊이지 않고 서로 이어져나가는 염염상속(念念相續)을 만들어 나가야 합니다. 열심히 하는 만큼 번뇌도 사라지고 마음도 깨끗해지며 업장도 녹아내리기 시작합니다. 앞날을 예언하기도 하고, 사람의 마음을 읽을 줄 아는 등 여러 능력의 초능력들이 계발됩니다. 그러나 이것은 잠시 왔다 가는 객(客)일 뿐 신경을 쓰지 마시고, 오직 칭명에만 노력을 기울여야 합니다.

 셋째, 법열기(法悅期) – 꾸준히 그리고 정성껏 수행한 결과 몸과 마음은 짐을 덜은 듯 가벼워지고 상쾌해지며 맑은 기운을 느끼게 됩니다. 업장이 녹아내리고 마음의 때가 벗겨지니 마음 안에서 올라오는 환희의 법열이 찾아옵니다. 세상을 바라보아도 사람을 대하여도 아름다운 마음으로 다가와 항상 기쁘고 감사할 뿐입니다. 대승의 참뜻을 알게 되고 자비한 마음이 형성되는 시기입니다. 비난과 칭찬에도 크게 흔들리지 않으며 스스로를 절제할 수 있기에 욕심을 내도, 화를 일으켜도 얼른 돌이켜 제자리에 놓을 수 있습니다.

 열심히 노력한 결과로 공을 체험하고 공의 즐거움을 감득하는 시기입니다. 공을 이해하지만 완전한 공인 진공과 진공묘유(眞空妙有)의 도리는 아직 낯설기만 합니다. 공을 알게 되니 다른 차원의 세계도 나타날 수 있으며, 모든 것이 텅 비어 있다는 공의 집착에 빠지기도 쉽습니다. 정신이 맑아지니 경전의 이해도 빠르고 학습의 성취도 빠른 시기입니다.

넷째, 진공기(眞空期) – 법열기에서 한 단계 성숙된 시기입니다. 수행의 관문은 첩첩산중을 넘는 것과 같아서 힘껏 산을 넘고 나면 다시 산을 넘어야 하니, 지금 시점에서는 사력을 다해 수행을 하여 산을 넘어야 하는 시기입니다. 진공기로 들어서면 참된 보살의 마음과 관세음보살의 길을 걷습니다. 만물을 자비심으로 바라보고 중생의 이익에 힘을 쏟습니다. 반야사상과 여래장사상에 확신이 서고 내 안의 관음과 우주의 관음이 둘이 아닌 이치를 알게 되는 시기입니다. 모습은 맑고 밝아 거룩하며 내공이 깊어 강하고 부드러워 향기가 나기도 합니다. 말투는 단호하고 힘차며 상호가 특출하게 변해갑니다.

공의 집착에서 벗어났기에 진공의 참된 모습에 눈을 뜨는 시절이기도 합니다. 공이란 아무것도 없는 것이 아니라 공을 바탕으로 하여 묘한 현상이 일어남을 알고 수승한 경계를 내다볼 줄 압니다. 그러나 아직 수행이 완성된 단계가 아닙니다. 육근을 따라 선악의 경계가 극단적으로 펼쳐질 때가 있습니다. 이러할 때에도 마음에 동요를 일으켜 즐거움과 성냄과 슬픔을 따라다니다가는 바른 것을 잃고 삿된 것에 떨어질 수 있습니다. 선악의 경계가 찾아오더라도 청명으로 대처함이 바람직하겠습니다.

수행이 거침없이 잘 나가다 막히는 현상이 일어날 수 있습니다. 오로지 굳은 신심과 사자의 기상으로 정진을 게을리해서는 안 되며 자주 원력을 생각하고 점검해서 자신이 걷고 있는 수행 길을 비추어 보아야 합니다.

다섯째, 일념돈오기(一念頓悟期) - 오직 정성스러운 관세음보살 칭명이 한 길로 이루어지는 시기입니다. 일상생활에서도 관음선이 자유자재로 잘 되어 갑니다. 때로는 법의 즐거움에 웃기도 하고 눈물을 흘리며 자연과 하나가 되어 걸림 없는 춤을 추기도 합니다.

공부가 깊어졌다는 것은 무엇입니까? 연기를 알고 인과를 보아 악을 멀리하고 선을 가까이 하여 마음을 깨끗이 하는 것입니다. 계(戒)를 잘 지키면서 수행을 하는 것은 정진에 가속도가 붙습니다. 수행의 경계가 깊어질수록 계를 지키는 것은 무척 중요합니다. 계행이 없으면 바른 정(定)과 혜(慧)가 이루어지지 않기 때문입니다.

진공을 체험하고 회광반조해 나갑니다. 정진에 힘을 가하면 칭명염불에 사이가 없고 그윽하고 순일한 곧은 마음이 생깁니다. 칭명염불이 자연히 올라와 떠나지 않습니다. 오고 가고 앉고 누우며 마음엔 칭명뿐이어서 수행에 방해되는 것이 없습니다. 비방과 욕을 하여도 동요가 없고 칭찬에도 마음은 움직임이 없습니다. 흡사 죽은 사람처럼 느껴질 때도 있습니다.

나(我)라는 상은 없어졌으나 아직 법(法)은 없어진 것은 아닙니다. 세상만사를 모두 잊어버리고 칭명을 하면 무심처에 이르게 됩니다. 무심처에서 자신을 돌이켜 놓으니 한순간에 옛날부터 내가 관세음보살이란 것을 깨달으매 만법이 나의 마음에서 나와 세상 속으로 흘러들어가는 것을 보게 될 것입니다.

여섯째, 일심광명기(一心光明期) — 돈오(頓悟)하여 나와 관세음보살이 둘이 아닌 마음 안으로 들어왔으나 깊지 않아 일심이 되지 못했습니다. 일심이 되어 안과 밖이 하나가 되어 뚜렷이 밝은 내외명철(內外明徹)이 이루어져야 완성된 공부입니다.

관세음보살 칭명을 잊지 말고 칭명과 마음이 하나 되는 일심칭명이 되어져야 합니다. 일심칭명은 마음 깊은 곳에서 중심을 잡아 다시 올라오는 칭명이라 할 수 있습니다.

애써 정진하려고 하지 말고 자연스럽게 배고프면 밥 먹고 졸리면 잠을 자면서 단지 일상생활에서 간절하고 정성껏 칭명하는 마음을 관조하며 나도 잊고 세상만사를 모두 잊어버리고 대자연과 우주 속에 마음을 집어놓습니다. 홀연히 안과 밖의 경계가 사라지고 밝아지는 것이 느껴집니다.

마음속에서 자성관음의 광명이 조금씩 흘러나오기도 합니다. 광명은 연꽃이 되어 솟아오르기도 합니다. 세상의 그 어떤 광명도 따라오지 못하는 깨끗하고 밝은 빛이 진공 속에서 신령스럽게 이어집니다. 진공묘유의 아름다운 현상이 눈앞에서 펼쳐집니다. 그러나 빛을 다시 보고 싶다는 집착심을 가져서는 안 됩니다. 깊숙한 곳에서 올라오는 순수한 칭명을 집중해야 합니다. 지극 순수한 칭명이 오랜 시간 이어나가자 일념과 무념을 넘어서 일심이 이루어집니다. 어떤 것도 범접할 수 없는 지극히 고요한 곳에 다다릅니다.

시공간이 사라진 깊은 집중 속에서 마음의 눈을 뜹니다. 마음을 깊이 관조하고 밖을 바라봅니다. 내 마음과 우주가 계합하여 하나가 되어버립니다. 허공이 녹아내리고 내면에서 우레와 같은 소리가 울려 퍼지며 신령스럽게 이글거리는 자성관음의 백색 태양이 떠올라 스스로를 비춰주고 우주를 비춰주는 가운데 미묘한 범음이 허공에 울려 퍼집니다.

　수행방법과 단계를 체계적으로 옮겨 놓았습니다. 관음선 수행의 경계를 모두 지면으로 옮기는 것은 불가능합니다. 그리고 방법과 경계들이 절대적이지 않다고 밝히는 바입니다. 속박에서 벗어나 어떤 경계에도 흔들리지 않는 대 자유인이 되려는 이에게 방법이나 경계의 굴레를 씌우는 것은 옳지 않으나 진정한 붓다인 관세음보살이 되려는 후학들을 위해 도움이 되고자 단계를 구분지어 밝히는 것입니다.

　수행은 생각으로 하는 것이 아닙니다. 직접적인 수행을 통한 것이 아니라 알음알이로 문자나 이치를 연구해서 풀어놓는 것은 수행자를 병들게 합니다. 수행은 오로지 정진과 전진에서 다가오는 공덕 체험의 결과만이 진실한 것입니다.

　관세음보살 칭명수행을 평생토록 열심히 수행해 나갈 것입니다. 마음은 열리고 고차원적인 깨달음을 얻게 될 것입니다. 마침내 자비의 화신인 관세음보살이 되어 온 세상을 관음의 물결로 만들어 나갈 것입니다. 이것이 염불이요, 화두요, 묵조요, 그리고 일심으로 향하는 종합적 회통 수행입니다.

보리심과 회광반조

　수행성취에 있어서 가장 중요한 부분은 발보리심입니다. 많은 분들이 불법문중에 들어와 수행을 하여도 힘을 얻지 못하고 물러나는 것은 대게 보리심에 대한 문제입니다. 보리심의 부재 내지는 옅은 보리심으로 불법을 구하기 때문에 깨달음을 이루지 못하는 것입니다. 보리심은 열정적인 구도의 정진입니다. 무상정등각(無上正等覺: 아뇩다라삼먁삼보리, 붓다의 깨달음 경지)에 대한 바른 믿음입니다. 바른 믿음이란 불성이 모든 중생에게 내재되어 있다는 최상의 가르침에 대한 목마름으로 시작하여 깨달음을 구하고 중생을 구제하는 사명감의 사무침입니다.

　보리심을 내었을 때 우리의 심장과 뇌에서는 더 이상 육체적인 장기의 혈액순환과 중추 신경계를 책임지는 기능을 넘어서 숙성된 자성의 힘과 연결 지을 수 있습니다. 정신과 영혼이 맑아지며, 지혜와 직관력이 계발되어지고, 배려와 연민과 감사의 감정들이 연결되어지며 최상의 사랑인 자비심의 마음이 이루어집니다. 보리심의 길목에서 중생을 향하여 저질러진 죄나 허물이 생겨도 그것은 더 이상 죄나 허물이 되지 않는 신령스럽고 강력한 마음이 보리심입니다.

반면에 보리심이 없는 곳에는 폭언, 폭행, 무관심, 무자비, 약탈, 시기, 질투 등이 나타날 수 있습니다. 이 세상에는 우리가 알지 못하는 수많은 세포와 바이러스가 있습니다. 세포와 바이러스는 자신의 생존 확률을 높게 하려고 새롭게 변이하고 있습니다. 에이즈와 에볼라보다도 더 독하고 치명적 악의 수많은 바이러스들이 미래의 인간을 위협하고 있습니다. 악의 바이러스들은 인간의 무절제하고 물질적으로 흐르는 방탕한 삶과 진리를 등진, 청정한 마음을 저버린 보리심의 부재가 더욱더 미세한 악의 활동을 부추겨 일찍 세상으로 불러들일 수 있습니다.

그러나 인간들은 해낼 것입니다. 처음엔 죽을 것 같은 고통에 몸부림을 치며 괴로워 신음하다가 결국엔 그 고통을 달게 받을 것입니다. 그리고 물질적인 방탕한 삶과 진리를 등진 허물을 반성하고 새로운 마음가짐으로 악의 세포나 바이러스를 물리칠 대안을 찾을 것입니다.

인간은 우주입니다. 우리 몸속에는 알려진 것만으로도 60조 개의 세포가 있습니다. 이것은 우주에 있는 별의 개수와 비슷하다고 합니다. 인간 몸 안의 기(氣)와 혈(血)은 태양의 에너지와 달의 에너지에 의해 고동치며, 여성의 월경과 바다의 조수는 달의 영향을 받는 것이라고 합니다. 그리고 우주에는 이루 헤아릴 수 없는 에너지의 흐름에서 나오는 각양각색의 빛과 파장이 있는 것처럼, 인간의 몸속에도 수없는 에너지의 흐름과 빛과 소리의 파장이 있습니다. 그러니 우리 몸속에는 우주의 비밀이 들어있고, 우리 몸 안에 악의 세포 바이러스를 이기는 답이 들어있습니다.

내가 우주이고 우주가 나라고 하면 인간이 붓다요 붓다가 인간이라는 사실이 어떻게 틀리겠습니까? 마음을 닦아 붓다가 되려는 보리심은 무척 중요한 것입니다.

『화엄경』에 나타난 발보리심은 일승발심사상(一乘發心思想)입니다. 처음 발심해서 정각을 이루는 초발심시변정각(初發心時便正覺)이라는 발보리심과 정각을 같이 보는 최상의 보리심사상인 것입니다. 보살이 '자심이 불(佛)'이란 확고한 믿음으로 발보리심 하면 곧 정각을 이루는 인과가 상즉(相卽)하고 원융무애(圓融無碍)한 일심법계연기사상(一心法界緣起思想)을 여실히 보여주고 있는 것입니다.

발보리심은 위대한 마음이며, 무한히 넓고 깊은 마음이며, 자비한 마음이며, 일심의 마음입니다. 중중무진(重重無盡)토록 진공묘유 법계의 세상이 펼쳐진 말로 설명할 수 없으며, 보여줄 수도 없는 현실입니다. 단지 발보리심만이 알 수 있고 볼 수 있는 것입니다.

발심과 정각이 둘이 아니지만 처음 발심하는 것이 어려운 것은 사실입니다. 물러나거나 포기하지 말고 작은 발심부터 시작하여 소발

심시대발심(小發心時大發心)사상으로 이끌어 나가는 것은 어떠하겠습니까?

　회광반조는 밖으로 나가는 시점을 안으로 끌어들여 내면을 바라보는 것입니다. 즉 마음을 바로 보는 것입니다. 자신의 텅 빈 맑고 밝은 성품을 바로 보고 깨달아서 다시 되돌려 만물을 밝게 비추는 역행역(易行易)의 수행이 회광반조입니다. 모든 수행의 기본이자 완성의 단계입니다. 비추어 본다는 것은 모든 불보살이 자연스럽게 스스로 하는 자현삼매(自現三昧)입니다.

　관세음보살은 조견오온개공(照見五蘊皆空)을 얻어 일체의 고난과 고통의 중생을 구제하였고, 임제의현선사도 "수행자들은 지금 바로 모든 사물을 생생히 비추어 세상을 지각하며 삼계의 모든 존재에 이름을 부여한다"고 하였습니다. 이처럼 걸림 없이 비추어 바라보는 것은 회광반조의 기본이 이루어지지 않으면 안 되는 것입니다. 그러므로 회광반조가 숙성되면 안과 밖의 경계가 사라지고, 안과 밖이 하나가 되면서 통하여 비추는 내외명철(內外明徹)을 얻을 수 있으며, 한 번 관하여 세상만물과 이치를 비추어 핵심을 얻을 수 있는 조관척파(照觀斥破)의 진리가 밝게 드러나는 것입니다.

　회광반조는 자신의 수행을 스스로 점검하고 지(止, 定)의 사마타 수행과 관(觀, 慧)의 위빠사나 수행의 공덕을 점점 키우고 늘어나게 해서 마음을 돌려 본래 순연직심(順緣直心)의 마음을 회복하는 것입니다.

만법은 공에 의지합니다. 만 가지 진리도 공에 의지하여 태어났습니다. 삼세의 모든 붓다도 진공에 의지하여 출현한 것입니다. 이런 참된 공에 눈을 뜨고 이해하며 내다보려고 하는 것이 회광반조입니다.

회광반조는 참된 공에 눈을 뜨고 차원을 뛰어넘는 일입니다. 3차원의 공간에서 시간을 부여받아 4차원의 시공간을 바라보는 일입니다. 아인슈타인의 일반상대성 이론에 의하면 시간과 공간은 견고하게 고정되어 있지 않으며 주어진 조건에 따라 고무처럼 휘어질 수 있다고 합니다. 이 시공간의 유연성은 많은 조건들을 받아들인다는 것입니다. 시공간이 고정 불변하는 것이 아니라 어떤 상황이나 인연에 따라 있다가 없거나, 변하거나 고정되어 있는 것입니다. 그래서 수행자가 일념에 들어가서 넓고 큰 시공간을 확보해 시공간의 시야를 늘리고 시공간의 팽창을 이해해서, 시공간을 잊어버리는 무념처에 이른 뒤 일심으로 들어가면 시공간은 무너지고 녹아내려 자성이 드러납니다.

차원을 넘나들고 우주를 바로 내다보며 한 공간 속에 무수한 세계가 (一微塵中含十方) 둥글게 공처럼 말려 주체적으로 돌아가 서로가 서로를 방해함이 없이 존재해나가는 중중무진의 세계가 이어져나가는 것입니다. 이것이 우주가 묵묵히 진화해 나가는 자비와 지혜가 아니고 무엇이겠습니까? 우주의 모든 구성원들이 언젠가 다 함께 붓다가 되리라는 붓다의 예언이 아니고 무엇이겠습니까?

일심의 용광로(龍光路)

높은 온도에서 금속 또는 광석을 녹여 제련해 내는 가마인 용광로(鎔鑛爐)는 쇠붙이나 무정(無情)들을 고온의 가마 속에서 녹이고 끓이고 변형을 더해서 인간들에게 필요한 새로운 물질들을 만들어냅니다. 그 전과는 전혀 새로운 성질의 모습과 물질들이 재탄생을 해서 인류에게 이익을 갖다 주는 것입니다. 금속이나 광석들이 용광로 속에서 자신의 몸을 담고서 피땀을 흘리는 고통과 인내를 이겨내지 않았다면 인류의 발전은 더디게 흐르고 있을 것입니다. 거칠고 차가운 세상에 밝은 미래의 희망을 안기고 물질적으로 진보된 문명의 발전을 기여하는 옹골찬 용광로는 꼭 필요한 존재인 것 같습니다.

인간도 보배와 이익이 다함이 없는 일심의 용광로(龍光路) 속으로 들어가 몸과 마음을 일심에 맡기고 한량없는 보배와 이익을 다 축적하고 용의 기상으로 세상에 빛을 뿜어내는 관음진인(觀音眞人)이 되어 인류에게 다이돌핀 호르몬의 감동적 깨달음을 안기고 행복하고 평화스러운 세상이 만들어지는 것은 결국 자신의 내면이 아름답게 변화하여서 너와 나의 담장이 허물어질 때, 서로를 포용하고 부모와 같은 자비스러운 미소와 마음으로 아끼고 보살필 때 세상은 고통에서 벗어나 존중과 미덕으로 변해가는 것이 진정으로 가능한 것입니다.

자기중심적인 경제 가치와 물질만능주의의 이기심에서 벗어나 마음을 알고 깨달아 숙성된 내면을 보다 높은 차원으로 승화시켜 자심(自心)을 실천하는 심성회복(心性回復)의 물결을 일으켜야 합니다. 그래서 우리 모두 순수하게 직면한 자성을 회복하고 고풍스럽고 고귀한 아름다운 꽃을 만개하여 서로를 미소로서 인정하고 연결 짓는 화장세계(華藏世界)를 이루어 나가는 것이 바람직하지 않겠습니까?

일심이란 마음의 근본인 순수한 마음입니다. 때가 묻지 않고, 감미가 되지 않은 본래 인간의 초자연적인 마음입니다. 모든 것을 수긍하고 긍정적인 자비의 마음과 무심의 발로처(發路處)가 일심입니다. 허공이 녹아내려 안과 밖의 구분이 없어지고 진공묘유의 실체가 드러나는 마음이 일심입니다.

만물의 근원이 마음인데, 마음의 근본이 일심이며 우주의 중심이기도 합니다. 그래서 마음의 제일 깊은 곳 맨 아래의 평평한 언덕의 대지가 일심이라 할 수 있습니다. 이곳은 지혜의 완성인 반야바라밀이라고도 부릅니다. 지혜가 완성된 자가 머무는 열반적멸의 세계입니다. 그래서 보통 사람은 알지 못하고 보지도 못하며, 말로서 표현하고 설명하기 어려운 것이 현실입니다. 원효는 일심이 불국토이며 극락이라고 보았고, 또한 대승·여래장·불성·열반 등은 일심의 다른 이름이라고 주장하였습니다.

일심은 너와 나라는 이념의 대립이 사라지고, 주인과 머슴의 종속관계에서 벗어나 만물을 포용하고 크기와 차원을 희석(稀釋) 융합시켜 하나의 숭고한 법의 꽃이 피워나는 것입니다. 그러기에 일심에서는 일체 모든 것을 하나로 귀결시켜 바라보고 그 하나 속에서 각자의 독특한 개성이 발휘되는 우주 일체 구성원의 사물이 서로 무한한 관계를 가지고 얽히고 설키어 일체화되는 중중무진(重重無盡)의 세계를 말합니다.

횡으로는 서방의 아미타불의 극락세계로부터 동방의 아촉불의 묘희세계(妙喜世界)의 생각할 수 없고 헤아릴 수 없는 심지잠원(心地潛源)의 중심점이기도 합니다. 종으로는 1차원에서 10차원의 알 수 없고 이해할 수 없는 혼돈의 세계를 일심세계(一心世界)라 할 수 있습니다. 그러니 이 세상의 모든 것은 일심의 화현이라고 할 수 있습니다.

광활한 대우주의 시점에서 바라본 한 개인은 먼지보다 더 작다고 할 수 있습니다. 이런 미개한 인간이 만물의 영장이라고 자부하는 것은 무엇 때문일까? 이런 생각은 과연 옳은 판단일까? 우주의 역사가 끊임없이 이어져나가고 우주학이 발전하는 현실의 시점에서 우리는 곰곰이 생각해봐야 하겠습니다.

우주에서 보면 미세한 먼지에 불과한 인간이 만물의 영장이라고 할

수 있었던 것은 바로 마음을 통해 사물을 이해하고 깨닫고자 하는 자각 능력이 특출하기 때문입니다. 우주를 마음에 품은 내가 붓다이며, 미세한 먼지 안에서도 한없는 붓다의 세계가 펼쳐진 것을 스스로 알 수 있는 능력을 인간들은 갖추었고 계발하였던 것입니다.

나를 알고 너를 알며 사랑을 알게 되었고, 대인관계 속에 놓인 나를 바라보며 자성을 어렴풋이 대면하게 되었으며, 나와 남의 관계를 이해하고 서로를 배려하는 마음속에서 용서와 화해를 이끌어 나갔습니다. 사유 관찰하고 실험하며 진리를 발견하고 창조적인 문명과 문화를 이끌어내며 우리들은 지금 만물의 영장이라고 스스로를 칭찬하며 이 자리에 서 있는 것입니다.

우주의 만물을 측은이 여기고 사랑하는 자비심이 있었고 만물이 돌아가는 이치를 깨달아 우주 탄생 이전의 본연(本然)의 모습으로 돌아간 법신 붓다를 이해하고 깨달으려는 지혜의 마음을 우리는 가지려 했던 것입니다.

일심의 용광로에 들어가기 위해서 우리는 관음염불 일심칭명을 해야 합니다. 일심칭명은 마음이 어지럽지 않고 온갖 잡된 생각이 떨쳐나간 그 자리. 미세한 번뇌마저 마음에 녹아들어간 그 텅 빈 공간. 칭명염불이 우주 밖으로 용솟음치며 날아가는 그 위용의 모습. 마음과 우주에서 중심을 잡고 순수하게 끝없이 퍼지는 묘한 이치. 마음을 깊이 관조하여 일심을 회복하여 광명과 범음으로 다시 태어나는 것입니다. 세상만물의 주인이되 주인이란 생각과 관념도 없이 바라보고 이해하며, 바라보

며 이해하는 공간이 결국 만물에게 자유와 평화를 주고 이끌어내는 거
시적 광명과 범음. 일심을 회복하면 깨달아 해탈하며 관세음보살이 되
는 것이고 무한한 공덕과 신통력을 성취하고 청정한 자비심과 위신력
으로 중생들을 교화해 나가는 것입니다.

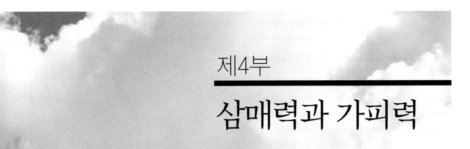

제4부

삼매력과 가피력

일상 · 일행삼매

삼매는 범어 삼마지(samādhi)로 삼마제(三摩提 · 三摩帝) · 삼마지(三摩地)라 음역합니다. 정(定) · 등지(等持) · 정수(正受) · 조직정(調直定) · 정심행처(正心行處)라 번역을 하며 산란한 마음을 한 곳에 모아 움직이지 않게 하며, 마음을 바르게 하여 망념에서 벗어나는 것이라 말할 수 있습니다.

수행자들이 많은 관심을 갖는 부분이 '삼매'가 아닌가 합니다. 불법의 마음을 닦는 수행자들뿐만 아니라 모든 사문들은 하나의 대상에 몰입하는 강한 정신적 집중의 마음상태에 대한 궁금증을 가지고 있을 것입니다. 그리고 강한 정신적 집중으로 들어가 깊은 삼매를 체험하고자 하는 바람을 가지고 있을 것입니다. 그러나 생각대로 깊은 삼매에 이르는 것은 그렇게 쉽지가 않습니다.

깨달음을 얻거나 자성을 보아 붓다를 이루기 위해서는 잡된 생각을 저버리고 하나의 대상에 골똘히 파고들어 마음 깊숙이 들어가 시공간을 넘어서야 가능한 일입니다. 이러한 시공간을 잊고 깨달음을 얻는 것이 삼매의 힘입니다. 혹 어떤 이들은 깊은 삼매가 없어도 문득 진리에 계합을 하는 분들도 있으나 그런 분들은 생전에 공덕이 많은 분들로서 쉽게 '주었다'라는 표현을 쓰지만 대부분은 오랜 수행을 통해 피나는 노력을 더해야지만 도달할 수 있는 정신적 수행의 체험입니다.

삼매에 들어가기 어려운 것은 세 가지로 나누어 생각할 수 있습니다.

첫째는 업장이 두텁기 때문입니다.

업장이 두텁기 때문에 수행에 방해되는 장애들이 많기에 올바른 수행정진을 꾸준히 이어나갈 수 없는 것입니다. 두터운 업장이 자신의 생각과 의지와는 상관없이 악업으로 몰고 가기 때문에 정상적인 수행의 흐름을 차단해 버리며 삼매와는 거리가 멀어지는 것입니다. 우리들이 생존하기 위해 업으로 익힌 많은 것들이 깊은 삼매에 들어가는 것을 방해하는 것입니다.

기도로서 알게 짓고 모르게 지은 죄 업장을 참회하고 관음칭명의 정진을 꾸준히 하게 되면 더럽고 극심한 악업일지라도 모두 녹여내고 다시 선업으로 돌릴 수 있습니다. 관음칭명수행은 악업에 찌들어 다시 살아날 수 없을 것 같은 죄 업장을 말끔히 씻어 내리는 신비한 정화 능력을 가지고 있습니다.

성오계(聖五戒: 성스런 오계)는 범하지 말아야 합니다.

살생하지 말고, 훔치지 말며, 음행하지 말고, 거짓말 하지 말 것이며, 술을 마시지 말아야 합니다. 이 성스런 오계는 수행자가 지켜야 할 기본 계문입니다. 살생을 하면 사람 몸 받기 어려워 수행과는 자연히 멀어집니다. 도둑질하는 자는 복덕이 소멸되어 수행한다고는 하지만 밑 빠진 항아리에 물붓기입니다. 음행하면서 수행하는 자는 선정의 힘을 기르는 것이 아니라 오물을 모으는 것과 같아 삼매에 절대 이르지 못합니다. 거짓말 하는 자는 진실하지 못해 성스러운 세계가 열리지 않을 것입니다. 술을 마시면서 수행을 하는 자는 슬기로운 마음을 어지럽게 하고 깨달아 아는 힘을 잃게 하기 때문에 삼매를 차단해 버립니다.

삼학(三學)의 첫 번째 계(戒)는 선정에 이르게 하고 선정은 지혜를 얻게 하기 때문에 삼매를 얻으려고 하는 수행자에게 계는 제일 먼저 마음을 옮기는 기본이면서도 무엇보다 중요한 실천 학문입니다.

요즘 계를 지키지 않고도 선정에 들어 깨달음을 얻는다고 하는 자가 있는 것 같은데, 이와 같은 소견은 불법을 동네 규칙쯤으로 알고 붓다를 세세생생 욕을 먹이는 것이며, 수행자의 정신을 어지럽게 하는 것이어서 결국, 수행과는 거리가 멀어져 삼매를 얻지 못할 것입니다. 잘못을 했으면 참회하고 다시는 그릇된 일을 되풀이 하지 않는 것이 필요합니다. 수행자는 지계(持戒)를 생명처럼 생각하고 붓다를 모시듯 받들어 섬겨야 해야 할 대상입니다.

둘째 근기가 부족합니다.

두 명의 수행자가 똑같이 탁마를 해도 수행의 성취가 빠르고, 다른 수행자는 느리게 찾아오는 경우가 있고, 반면에 한 쪽은 수행의 진취가 보이지 않는 경우도 있습니다. 흔히 힘을 얻어 삼매 속으로 들어가는 속도가 빠르고 더디거나, 전혀 없는 차이의 문제는 근기의 문제입니다. 똑같은 명약을 먹어도 약 효과를 빨리 보고 병이 나은 사람이 있는 반면 약 효과를 보지 못하는 경우도 있습니다. 근기는 법을 흡수하는 타고난 능력이라 할 수 있습니다.

대근기는 언하(言下)에 깨닫는다고 하듯이 하열한 근기는 오랫동안 수행을 하여도 힘을 못 얻는 경우도 있습니다. 근기란 법을 받아들이는 타고난 기질입니다. 근기가 수승한 자는 법을 순간적으로 자기화(自己化)하는 능력이 탁월하고, 중근기는 오랫동안 배우고 익혀야 깨달으며, 하근기는 오랫동안 배우고 익혀도 불법의 대의를 깨닫지 못하는 경우가 있습니다. 그러나 비록 근기가 둔기일지라도 수행을 놓지 않고 선지식을 만나 바른 가르침을 받으면 깨달을 수 있는 것입니다.

붓다 재세시에 주리반특가가 있었는데, 그는 머리가 아주 둔하였다고 합니다. 게송을 알려주면 외우지 못하고 앞 말을 일러주면 뒷 말을 잊어버리고, 뒷 말을 알려주면 앞 말을 잊어버리는, 그래서 그는 사람들에게 바보라고 놀림을 받기도 했습니다. 붓다는 주리반특가에게 빗자루를 주고 청소를 시켰습니다. 그리고 "먼지를 털고 때를 닦자"라는 말을 일러 주었습니다. 이 말도 곧 잊어버리자 그럴 때마다 붓다는 수없이 반복하여 가르쳐 주었습니다. 그는 피나는 노력 끝에 두 마디 말을 겨우 외우게 되었습니다. 그가 매일 열심히 마당을 쓸면서 두 마디 말을 외우고 외웠던 어느 날, 그 말뜻을 홀연히 깨닫게 되었습니다. 먼지와 때는 결국 우리들의 탐(貪)·진(瞋)·치(癡)의 삼독(三毒)과 온갖 번뇌라는 사실을 깨닫고 한순간 마음의 눈을 떴던 것입니다.

근기를 업그레이드 시키는 방법에는 기도만큼 좋은 것이 없으니, 알아둘 필요가 있습니다. 기도는 근기를 성숙시키며 뛰어난 자질을 만들어 주는데 많은 도움이 됩니다. 근기가 뛰어나다는 것은 행복한 일이지만 수행이 동반되지 않는 삶은 불행한 일입니다.

셋째 선근공덕이 엷습니다.

옛말에 평소에 덕을 쌓고 삼대(三代)를 거쳐 적선(積善)을 해야 명당을 얻을 수 있다고 하였습니다. 또 부자가 3대를 유지하려면 적선을 베풀고 덕을 쌓아만 합니다. 그리고 3대가 적선을 해야만 집안에 스님이 나온다는 말도 있습니다. 3대 동안 덕을 쌓고 선을 베풀어 나가는 일은 어려운 일입니다.

불법에서는 선근공덕을 중요시합니다. 선근공덕은 수행의 성취를 이끌며 열매를 잘 익게 맺어주기 때문입니다. 오랜 세월 남에게 베풀지 못하면 삶의 질도 떨어지고, 자신에게 돌아오는 것도 없으며 그 영향이 자손까지도 미칩니다. 그래서 수행자는 선근공덕을 심어야 합니다. 선근공덕은 수행의 질과 양을 만족하게 하는 첩경입니다. 선근공덕이 나무의 뿌리처럼 안정되고 튼튼하다면 무슨 일이든 해내지 못 할 일이 있겠습니까.

붓다께서도 수억 겁의 전생을 지나면서 중생들에게 수많은 선근공덕을 심어놨기 때문에 그 선근공덕을 자분 삼아 이 사바세계에서 불도를 이루어 자각을 선언한 최초의 인간인 붓다가 되었던 것입니다.

중국 선종의 4조인 도신(道信, 580~651) 대사는 삼조 승찬대사의 법을 받은 뒤 여러 곳을 만행하다가 기주 쌍봉산(雙峰山) 사조사(四祖寺)에서 도량을 잡고 30여년간 법을 펼치셨습니다. 그 전까지는 따로 선원이라는 곳이 없었고 이곳저곳을 떠돌며 전법을 하였고 율원의 한 쪽을 얻어 생활하였는데, 4조 도신대사 때에 와서 비로소 한 도량에 정착을 하면서 법을 펼쳤습니다. 한 도량에 머물며 법을 펴니 사람들이 몰려들어 항상 500명의 수행자가 있었다고 하니 그동안 홀대 받았던 선(禪)이 차차 주목을 받았고 세상에 널리 알려지기 시작하였던 것입니다.

도신대사가 대중과 함께 생활을 하고 수행하면서 펼친 선법(禪法)이 그 유명한 「입도안심요방편법문(入道安心要方便法門)」입니다. 4조 도신대사에서 5조 홍인대사에 이르는 이른바 동산법문(東山法門)을 제창하였던 것입니다. 이 동산법문에 의지하여 수행하는 자는 현재에도 수없이 많으며, 깨달음을 얻어 또다시 동산법문을 펼친 수행자도 부지기수입니다.

이 동산법문의 주요골자는 제불(諸佛)의 마음을 제일(第一)로 여기고 제불의 마음을 바로 받는 방법인 칭명염불을 통해 염염상속(念念相續)의 일심염불법문(一心念佛法門)을 열어보인 것입니다. 그러면 도신대사의 가르침을 따르고 있는 많은 수행자들과 깨달음을 이끌었던 일생일대의 선법이 그윽이 서린 「입도안심요방편법문」을 음미해 보도록 하겠습니다.

「능가사자기」 도신장에 있는 내용을 보면 대사의 저술에는 「보살계본」 1권과 「입도안심요방편법문」이 있는데, 「보살계본」은 후대에 전하지 않고 「입도안심요방편법문」만이 전해지고 있다고 합니다. 대사의 저술은 오직 이 법문만이 전하여 내려오므로 선법의 기량과 구체적인 수행 등의 내용을 알 수 있는 중요한 자료입니다.

爲有緣根熟者說 我此法要 依楞伽經 諸佛心第一 又依文殊說般若經 一行三昧
위유연근숙자설 아차법요 의능가경 제불심제일 우의문수설반야경 일행삼매
即念佛心是佛 妄念是凡夫
즉염불심시불 망념시범부

인연이 있거나 근기가 성숙한 자를 위한다. 나의 법요는 『능가경』의 모든 붓다의 마음이 제일이라는 법문과 또한 『문수설반야경』의 일행삼매에 의거한다. 즉 염불하는 마음이 불이요, 망념이 범부이다.

인연이 있고 근기가 성숙한 자를 위한다는 것은 도신대사의 법(法)

기량을 단적으로 보여주는 말씀입니다. 이 대목은 조사가 아니면 할 수 없는 사자후입니다. 왜냐하면 조사나 대선지식들은 자신의 안위와 인기를 위하여 법을 펼치는 것이 아니라 단 한명이라도 붓다의 심인(心印)을 얻게 하기 위한 참다운 불사를 위해 직설적이면서도 묵직한 법음을 마음 가운데에 심어놓는 것입니다.

나의 법요는 『능가경』의 "제불심(諸佛心)이 제일이다" 한 것은 모든 법 중에 심지(心地)법문이 제일이라 한 것입니다. 붓다는 마음의 제일 깊은 곳에서 일심을 이루었기에 모든 반야에 능통하여 중생의 차별상을 알고, 백천삼매를 돈수(頓受)하였기에 만법에 걸림이 없이 설하고, 우주의 진리를 체득하였기에 불가사의한 위신력으로 시간과 공간으로 끝없이 이어진 세계를 통달하여 그 세계에 광명을 놓아 자비심을 실천한 것입니다.

『문수설반야경』은 일행삼매를 온갖 법의 진여를 통달하는 삼매자체로 보고 진실한 칭명염불을 통해 붓다의 마음을 바로 전해 받는 최상승선의 선법을 보여주는 경전입니다. 비록 염불의 방편을 통해 진여삼매를 얻는 수행 방법을 제시하는 경전이지만 그것이 바로 염불하는 마음이 불이요, 망념이 범부라는 것입니다. 염불하는 마음이란 불(佛)을 생각하는 것입니다. 자신이 붓다라고 믿고 내면에서 자성불(自性佛)을 찾는 마음의 염불은 그 자체로 붓다이며, 잡된 생각을 하는 일이 중생이라는 것입니다.

이제 염불은 하근기가 하는 차원이 낮은 수행이 아닙니다. 조사에서 조사로 이어져 내려오는 불조의 수행입니다. 조사가 경전에 근거하여 심지(心地)가 제일이라고 강조하였고, 또다시 경전에 근거한 수행법을 제시한 것입니다. 만천하에 붓다의 마음을 바로 알고 받아들이는 수행 방법이 염불만큼 수승한 것은 없다는 것입니다.

『반야경』이 무엇을 알려주는 경전입니까? 영지보물반야시(令知寶物 般若時)라 대·소승의 신령스러운 보물창고를 알려주고 그 찾는 법을 상세히 알려주는 내용이 600부 반야부 경전에 고스란히 들어있는 것입니다. 반야바라밀은 삼매와 같은 것이고, 삼매는 진공묘유이며, 진공 묘유는 붓다의 진실한 마음입니다. 붓다의 마음인 반야바라밀을 얻는 방법으로 일행삼매를 제시하고 있는 것입니다.

文殊說般若經云 文殊師利言 世尊 云何名一行三昧

문수설반야경운 문수사리언 세존 운하명일행삼매

『문수설반야경』에 이르되 문수사리가 말하였다.

세존이시여! 어떤 것을 일행삼매라 하옵니까?

이제 문수사리보살이 세존께 일행삼매에 대하여 묻는 대목입니다. 제자가 스승에게, 후배가 선배에게, 신도가 스님에게 법을 묻는다면 불법은 더욱 강해질 것입니다. 법을 묻는 자는 스승을 시험하는 것이 아니라 진실하게 묻고, 법을 답하는 스승은 정성껏 답변을 해준다면 또

하나의 이상적인 수행이라 할 수 있을 것입니다.

佛言 法界一相 繫緣法界 是名一行三昧 善男子善女人 欲入一行三昧 當先聞般
불언 법계일상 계연법계 시명일행삼매 선남자선녀인 욕입일행삼매 당선문반

若波羅蜜 如說修學 然後能入一行三昧 如法界緣 不退不壞不思議 無礙 無相
야바라밀 여설수학 연후능입일행삼매 여법계연 불퇴불괴부사의 무애무상

부처님께서 말씀하셨다.

"법계는 한 모습이니 마음을 법계에 매어두는 것을 일행삼매라 한다. 선남자 선여인이 일행삼매에 들어가고자 한다면, 먼저 반야바라밀을 듣고 설한대로 수학한 연후에 일행삼매에 들어갈 수 있느니라. 법계의 모습이(法界緣) 물러나 지 않고 무너지지 않으며 생각할 수도 없고 걸림이 없으며 공(空, 無相)한 것과 같으니라."

'법계는 한 모습'이라는 것은 그 자체로 일상상매(一相三昧)를 말합니다. 일상삼매는 진여(眞如)의 세계는 차별이 없이 평등하며 상주불변하는 한결같은 모습을 한 하나의 본성이라고 보는 삼매입니다. 다른 이름으로 '진여삼매'라고도 합니다. 우리가 '본래 붓다'라는 것을 굳게 믿고 들어가는 것도 일상삼매라 할 수 있습니다. 우리들의 자성은 우주 만유에 보변(普遍)해 있는 본성과 다름이 없기 때문에 또 우리 마음의 자성은 붓다와 다름이 없기에 자성불(自性佛)을 믿는 것 자체만

으로 일상삼매라 할 수 있습니다. 중생과 마음과 붓다와 우주는 서로 다른 관계에 있는 것이 아니라 중생은 마음이 있어서 붓다가 될 수 있으며, 마음의 속성이 붓다 자체이고, 붓다는 우주와 다름이 없으며, 중생은 우주의 분신이기에 이 네 가지는 다름이 없으며 서로가 서로를 이어주고 보완해주는 4무차별(四無差別)이며 나아가 일심의 동속관계에 있는 4보속일심(四補續一心)의 사상이 있는 것입니다.

한 모습인 법계에 마음을 매어두는 것을 일행삼매라 했습니다. 한 수행자가 일심법계를 얻기 위해 번뇌를 가라앉히고 마음을 고요히 하여 법계에 생각을 정성껏 매어두고 지혜로서 자신의 맑고 밝은 본성을 곧바로 보는 것이 일행삼매입니다. 그래서 수행자가 일행삼매에 들고자 하건데, 먼저 반야바라밀을 듣고 설한 대로 수학한 후에 일행삼매에 들어갈 수 있다고 하였습니다.

반야바라밀은 반야부 경전에서 유통될 뿐만 아니라 조사들이 모두 찬탄하였던 것입니다. 왜냐하면 이 반야바라밀에서 모든 붓다가 출현하였고 모든 불법이 나와 중생들에게 이익을 주었기 때문입니다. 특히 6조 혜능대사가 강조하였고 대중들에게 항상 '마하반야바라밀'을 염송하라고 가르쳤습니다.

『육조단경』에 마하반야바라밀은 가장 존귀하고 가장 높으며 제일이라 머무름도 없고 가고 옴도 없어서 삼세의 모든 붓다가 이 가운데로부터 나왔으니 큰 지혜로서 피안(彼岸)에 이르러 오음의 번뇌와 진로(塵勞)를 타파하니 가장 존귀하고 가장 높으며 제일이라고 하였으니, 그가 얼마나 반야바라밀을 알고 사랑했으며 그 중요성을 알았겠습니까. 그런데 반야바라밀을 수학한 연후에 일행삼매에 들어갈 수 있다고 하였습니다.

『문수설반야경』에서는 문수보살이 '반야바라밀'은 알지 못하고, 얻음도 없으며, 가고 오는 자취도 없어 취사(取捨)선택을 꺼리는 도통 이름과 모습이 없는 이러한 반야바라밀을 어떻게 배워야 하냐고 간절히 묻습니다.

붓다께서 말씀하십니다.

"만약 이와 같은(반야바라밀은 알지 못하고, 얻음도 없으며, 가고 오는 자취도 없어 취사取捨선택을 꺼리는, 도통 이름과 모습이 없는 등의) 법의 모습을 알 수 있는 것만으로도 반야바라밀을 배운다고 할 수 있다"고 하였습니다. 반야바라밀의 배움은 그렇게 어려운 것만은 아닌 것 같습니다. 무명무상절일체(無名無相絶一切: 이름도 없고 모습도 없으며 일체 모든 것이 끊겨짐)의 법의 성품을 알고 믿는 자체만으로도 반야바라밀을 배운 것입니다.

일체의 깊고 깊은 부처님 법과 일체 부처님의 명호를 밝게 비추고, 모든 부처님의 세계를 통달하여 장애가 없고자 하면 문수사리가 설한 반야바라밀을 배워야 한다고 하였고, 그 방법론으로 일행삼매를 제시했던 것입니다.

善男子 善女人 欲入一行三昧 應處空閑 捨除亂意 不取相貌 繫心一佛 專稱名

선남자 선여인 욕입일행삼매 응처공한 사제란의 불취상모 계심일불 전칭명

字 隨佛方所 端身正向 能於一佛 念念相續 卽時念中 能見過去未來現在諸佛

자 수불방소 단신정향 능어일불 염염상속 즉시염중 능견과거미래현재제불

何以故 念一佛功德 無量無邊 亦與無量諸佛功德無二 不思議佛法等無分別…

하이고 염일불공덕 무량무변 역여무량제불공덕무의 부사의불법등무분별…

선남자 선여인이 일행삼매에 들어가고자 할 때에는 응당 고요하고 한가로운 곳에서 모든 어지러운 생각을 버리고, 얼굴 등 모습을 취하지 말며, 마음을 일불에 매어 오로지 명호를 칭명해야 한다. 불(佛)이 계신 방향을 따라 몸을 단정히 하고 바로 앉아서, 일불에 대한 칭명이 생각생각(念念) 서로 이어져 나가면 곧 칭명하는(念) 중에 과거 미래 현재의 모든 부처님을 볼 수 있느니라. 왜냐하면 일불을 생각하는 공덕은 한량없고 끝이 없으며 또한 한량없는 모든 부처님의 공덕과 다름이 없고 부사의한 불법과 다름이 없으니…

『문수설반야경』을 의거하여 일행삼매에 들어가는 방법을 설명한 것입니다. 수행자가 발심을 해서 반야바라밀을 얻으려면 먼저 지혜제일인 문수사리가 설한 반야바라밀을 배우고, 공과 진공묘유의 반야바라밀 사상을 마음으로 받아들인 후『문수설반야경』에서 제시하는 일행삼매에 들어갈 수 있는 것입니다.

먼저 고요하고 한가로운 곳에서 수행하면서 어지러운 생각을 버리라고 가르치고 있습니다. 수행은 조용한 산중 뿐만 아니라 도심에서도 공

부를 지어갈 수 있습니다. 하지만 처음 발심한 수행자는 시끄러운 도시가 아니라 고요하고 한가로운 곳으로 들어가 수행정진할 필요가 있습니다. 왜냐하면 마음의 본성이 고요하고 한가롭기에 그만큼 수행에 계합이 빠르고 잘 되며 주위 자연환경이 수행자에게 꾸준히 발심하는데 큰 도움이 되기 때문입니다. 그러나 고요한 곳에서 공부가 되고 시끄러운 곳에서는 공부가 사라지면 안 되니 고요하고 시끄럽고 깨끗하고 더러운 곳에 있어도 동요되지 않는 수행의 숙성이 중요하다고 할 수 있습니다.

마음에 잡된 생각이 많으면 수행에 어려움이 많습니다. 그리고 마음이 한가하지 않고 바쁘게 이 계획, 저 계획을 세우다 보면 중도에 포기할 수 있습니다. 수행인은 안팎으로 잡된 생각과 인연을 버리고 오로지 수행에 집중하는 것이 요긴한 기술입니다.

마음은 일불을 정하기 전에 붓다의 얼굴 등 모습을 취하지 말라고 간곡히 당부하고 있습니다. 깊은 삼매에 들어가기 전에 나타난 붓다의 모습은 수행자의 망상에서 나온 가상(假相)입니다. 그것은 붓다의 모습을 원하고 바라는 생각에 의하여 나타난 허상에 불과할 뿐입니다. 수행자는 실상을 알고 깨달아야 합니다. 그러기 위해서는 모습을 취하거나 집착하지 말고 수행의 핵심에 집중을 더해야 합니다.

이제 일불을 정해야 합니다. 수많은 붓다 중에 관세음보살이 있습니다. 관세음보살은 붓다이지만 중생의 고통과 이익을 위해 보살로 계시는 최고의 붓다이며 하심하는 붓다입니다. 마음의 근본인 빛과 소리의 관음(觀音)입니다. 고통의 근원을 깨달은 관세음은 마음의 귀결점입니다. 관세음보살이라고 낮게 생각하지 마십시오. 그렇게 생각을 하면 여러분을 두 번 죽이게 하는 일입니다. 한 번은 자비와 지혜의 마음을 회복하지 못하여 죽은 것이고, 두 번째는 말에 속아서 붓다의 진정한 마음을 모르기 때문에 살아도 사는 것이 아닙니다.

관세음보살을 일불로 정했다면 평생토록 수행하여야 합니다. 이것저것 하다 세월을 보내지 마시고 마음을 하나로 모아 관세음보살 일심칭명이 이루어지도록 삼매의 힘을 체험하도록 노력정진 하여야 합니다.

경전에서는 불(佛)이 계신 방향을 따라 앉아서 수행하라는 좌선(坐禪)을 권하고 있습니다만 어느 곳에 처하든지 어떤 행법을 취해서라도 행주좌와 어묵동정에 선이 이루어지는 역동성을 잃지 않기를 바라는 바입니다.

이제 '관세음보살' 을 칭명해야 합니다. 칭명은 정성스럽고 간절하게 하여야 합니다. 정성과 간절한 힘이 모아진 칭명은 잡된 생각을 저버리고 오직 한 생각만이 지속될 수 있는 것입니다. 그 집중된 한 생각이 오래 지속될 수 있는 방법이 염념상속(念念相續)입니다. 그렇기에 칭명염불의 핵심은 정성과 간절한 칭명으로 칭명이 또렷하고 분명하여 생각생각 서로서로를 끊임없이 이어져 나가게 만드는 것이 중요하며 제1순위의 목표점이기도 합니다.

처음부터 잘 되는 사람이 어디 있겠습니까. 처음은 누구나 어려운 법입니다. 처음에 뜻대로 정진이 안 되는 것이 순리입니다. 수행에, 정진에 불을 붙여야 합니다. 불씨가 꺼지지 않도록 지켜나가야 합니다. 시간과 목숨을 바쳐 노력하고 노력해야 합니다. 우리들의 인생은 한 번 뿐입니다. 한 번 뿐인 이 인생을 멋들어지게 살아야 하지 않겠습니까! 우리들은 이제 편협한 개인주의와 이기주의적 물질만능에 집착하는 삶이 어떤 것인가를 알았습니다. 훈훈한 인성(人性)이 점점 사라지고 모순과 병폐를 가득 짊어진 사회에서 무엇을 더 바랄 수 있겠습니까.

우리들이 해야 할 일은 맑고 밝은 붓다의 마음을 회복하는 일입니다. 본래 가지고 있는 위대하고 아름다운 본성을 잃었기에 우리들은 저잣거리에서 방안에서 홀로 지쳐 남몰래 외로워하고 고통스러워하는 것입니다. 본성을 찾아 회복하는 일에 몸과 마음을 바쳐 노력하고 간절하게 이루어내는 이 일이 우리 모두를 행복과 평화로운 나와 가정 그리고 지구, 나아가 청정한 우주를 만드는 일인 줄 아셔야 합니다.

『유교경』에 마음은 한 곳으로 지으면 이루지 못하는 것이 없다고 하였습니다. 얼마나 노력하고 정성을 기울였나를 먼저 생각해야 합니다. 다른 이가 말하는 '염불은 이어져나가는 것이 안 된다' 는 말을 듣지 마십시오. 그는 그 만큼 노력을 기울이지 않았던 것입니다. 칭명염불 수행은 마음에서 우러나오고 생각에서 이어져나가야 참수행이라는 이름을 붙일 수 있습니다. 왜냐하면 자성을 바로 볼 수 있기 때문입니다. 자성을 봐야 깨달아 붓다가 되어 열반락을 누리는 것이고, 생사윤회의 기나긴 여정의 숙제를 풀기 때문입니다.

자! 이제 노력에 노력을 한 결과, 당신의 관세음보살 칭명은 분명하고 또렷해졌습니다. 칭명이 한 덩어리가 되어 당기고 밀고 나아가기에 관세음보살이 서로 이어져나가기 시작했습니다. 그리고 염념상속이 이루어진 일심칭명을 하고 있습니다. 관세음보살의 생각이 서로 꾸준히 이어져나가고(염념상속) 또한 깊어지면 칭명하는 순간에 관세음보살을 볼 수 있는 것입니다.

어떤 것이 깊다고 하는 것인가?

정(靜)과 동(動)에 상관없이 관세음보살의 생각이 순일직심으로 이어져 나오고 바쁜 일상생활 중에도 흐트러지지 않고 주재(主在)가 되며, 나아가 꿈속에도 관세음보살을 칭명하며 무엇을 하나 잊지 않고 이어져 나가게 되면 시간이 지나가는 것과 세상 일에는 도무지 관심이 없어지고 오로지 관세음보살과 텅 빈 공간을 만나게 됩니다.

텅 빈 공간과 관세음보살이 순일하게 이어져 나오는 진공과 묘유를 깨달으면서 시절인연을 만나게 되면 칭명하는 한순간에 관음진신을 만나고 그 관음진신이 나의 자성과 다름이 없음을 깨닫게 됩니다. 그 관음진신이란 수행자마다 다르게 나타날 수도 있는데 대광명으로 현신할 수 있고, 관세음보살의 공덕이 화현하여 나타날 수 있습니다. 빛과 색깔 또는 크기도 수행자마다 다를 수 있습니다. 평소에 그 수행자의 마음가짐과 원력 그리고 가지고 있는 그릇에 따라 다를 수 있는 것이지요.

칭명염불의 공덕은 한량없고 끝이 없습니다. 위대하고 신비스럽기까지 합니다. 한 번 마음에 스며든 염불공덕은 세세생생 어느 곳에 있든지 나를 보호해주고 바른 곳으로 이끌어주어 더러움에 물들지 않아 결국에는 깨달음을 얻게 합니다. 사람은 물론 짐승까지 염불을 듣는 공덕으로도 생명을 지킬 수 있으며 지혜가 자라납니다.

"깊은 산속에서 열심히 염불 기도하는 스님이 있었습니다. 산골 마을 사람들도 조용히 기도에 열중하는 스님을 존경하고 따랐습니다. 스님은 마을에서 우연히 강아지 한 마리를 얻어 와서 키웠습니다.

귀엽고 작은 강아지를 스님은 매번 '반야야! 사랑한다.' 하면서 사랑을 듬뿍 주었고, '다음 생에는 꼭 불법을 만나 수행해야 한다.' 미래에 수기를 주며 스님과 강아지는 행복하게 지냈습니다. 사명스님은 열심히 목탁을 치고 염불을 하니 자연히 강아지는 목탁과 염불소리에 익숙해 기도시간만 되면 조용히 엎드려서 머리를 발에 올려놓고 가만히 듣는 것 같았습니다. 그렇게 1년여를 염불과 목탁소리를 듣던 반야는 스님의 피치 못 할 사정으로 이웃집에서 맡아 기르게 되었습니다.

반야에게 미안해했던 스님은 축원기도를 올리기도 하였습니다. 건강하고 활발하게 잘 지내던 반야는 그 이듬해 겨울 갑자기 실종되었습니다. 이곳저곳 이 산 저 산을 찾아 불러보아도 반야는 그림자도 보이지 않았습니다. 나쁜 사람이 집어갔거니 생각하고 보름이 지난 어느 날 반야는 뱃살이 거의 찢어져나간 내장 위에다 짐승을 잡는 올무를 끼우고 피가 낭자한 모습으로 유유히 사람들 앞에 나타났던 것입니다. 그 상처를 보니 불쌍하기도 하고 무섭기도 해서 어떻게 살아났는지 대견하기도 하였습니다. 반야의 주인은 얼른 담요를 덮어씌워 병원으로 가서 오랜 수술 끝에 배를 봉합하였고 수술 자국은 상처로 남아있지만 씩씩하게 살고 있다고 합니다.

보름 만에 살아 돌아온 반야를 보고 사명스님은 깨달았습니다. 이것이 바로 '염불의 공덕이고 불가사의한 기도의 힘'이라고. 어렸을 때부터 귀로 관음염불 소리를 듣고 자랐던 반야는 이근(耳根)에 덮여있던 염불이 결국 죽음의 고통에서 반야를 살렸다고… 커다란 짐승도 보름 동안 올무에 걸려있었다면 죽었을 텐데 살아 돌아온 것은 분명히 관세음보살님의 가피와 염불의 공덕이라고 스님은 다시 한 번 불법의 위대함에 눈물을 글썽거렸습니다."

불법수행은 작은 행복을 위하는 것이 아니라 모든 속박에서 벗어난 대긍정의 행복 속의 해탈을 얻으려는 것입니다. 광활한 대우주의 보편성을 얻어 어디에서든지 내 집이요, 내 사람임을 알고, 너와 내가 다름이 없는 평화 속에서 자비의 연꽃이 피어나는 최상의 마음을 완성시키기 위함입니다. 그러기 위해서는 깊은 삼매의 힘이 필요합니다. 마음이 시간과 공간을 비워버린 강렬하고도 부드럽게 집중된 깊은 마음이 모든 속박에서 벗어나 진정한 행복인 해탈과 큰 평화인 너와 나의 성불을 앞당기는 것입니다.

그러한 하나의 거대한 프로젝트의 완성을 관세음보살 일심칭명의 관음선에서 찾는 것이며, 염념상속이 이루어진 일행삼매와 일심불란(一心不亂)의 염불삼매에서 과거 현재 그리고 미래의 얻을 수 없고 잡을 수 없는 마음과 찬란한 다이아몬드에서 피어나는 꽃을 바라볼 수 있는 것입니다.

진공묘유(眞空妙有)

진공묘유를 말씀드리기 어려운 것은 사실입니다. 왜냐하면 붓다께서도 진공묘유를 곧바로 중생들에게 드러내 보이셨지만 중생들은 놀라거나 무서워하면서 믿지 않았습니다. 진공묘유(眞空妙有)는 증지소지비여경(證智所知非餘境)이라. 지혜를 얻어야 알지 다른 경계가 아닌 것입니다. 즉 깨달아서 마음이 열리고 심안으로 바라보는 경계이지 번뇌 속에서 생각 되어지는 단어가 아니라는 것입니다.

참된 성품은 깊고 깊어서 지극히 미묘하듯이 참된 공의 도리가 텅 빈 것이 전부가 아니라 만물을 포함하고 지극히 미묘하고 규칙적인 도리와 실상이 갖추어져 있기에 형이상학적으로 설명하기가 어렵다는 생각이 듭니다.

요즘 천문학과 우주과학이 수준 높게 발전하여서 진공묘유나 법성

(法性) 등의 고차원적인 불법이 조금씩 우주공간에서 밝혀지고 앞으로도 시간과 공간을 통해 붓다의 세계가 확실히 드러나는 입증의 시대가 다가올 것이라고 믿는 바입니다.

붓다께서 설하신 경전에서 진공묘유의 세계를 확실히 드러내 보이신 경전이 『화엄경』입니다. 화엄학의 대가인 현수스님은 화엄경의 대의를 '통만법(通萬法) 명일심(明一心)'이라 하였습니다. 우주의 모든 만물을 하나로 통해 일심을 밝힌다는 것입니다. 일심의 세계 즉 하나의 우주의 세계가 일불(一佛) 권역의 붓다 세계 안의 모든 것들이 진공묘유에 들어가는 것입니다.

진공묘유의세계를 화장세계해(華藏世界海)라고 표현하며 해인삼매(海印三昧)에 의해 그 세계가 확연히 드러난다고 하였습니다. 꽃으로 장엄된 세계가 진공묘유입니다. 그 꽃이 현상세계에 물질로 나타날 수 있으며, 진공 속에 스며든 빛과 소리가 될 수 있는 것입니다. 경전에 붓다가 출현하시고 삼매에서 나오면 항상 대광명을 놓으시고 묘음이 항상 흘러나온다는 것은 진공묘유의 표현인 것입니다. 그래서 진공묘유는 붓다의 참마음입니다.

청정한 마니보주와 각양각색의 보물 꽃들이 서로를 인정하고 거리낌이 없으며, 서로를 비추어 받아들이기에 진공과 묘유가 드러내기도 하고 숨기기도 하여서 일맥상통하고 원융 무애한 중중 무진의 우주법계를 그대로 말한 것이 진공묘유입니다.

일즉일체다즉일(一卽一切多卽一 : 하나가 일체이고 전체가 하나이니)이요, 일미진

중함시방(一微塵中含十方: 하나의 먼지 중에도 우주의 세계를 머금고 있다)이라. 양과 크기를 떠나 우주 만물은 독립된 존재가 아니라 연기에 의해 서로를 이어주고 맺어주는 일심의 중도법칙이 진공 속에서 작용하는 것이 묘유입니다. 그래서 진공은 몸뚱이인 체(體)이며 반야이고, 묘유는 체 안에서 서로가 서로를 방해하지 않고 활발히 작용하는 용(用)인 바라밀인 것입니다.

진공묘유는 광활한 대우주에 드러나기도 하며 숨어있기도 해서 현실적인 시간의 세계와 차원의 전이가 가능하다고 할 수 있습니다. 즉 과거 현재 미래의 수평적 시간을 왕래할 수 있고, 각기 다른 차원이 공간에 함께 존재하고 서로 통하면서도 어지럽히지 않는 수직적 관계의 다른 차원의 진공세계를 넘나들 수 있다는 것입니다.

진공 안에서는 무엇이든지 가능하다는 것입니다. 백열등이 진공의 유리구 안에 필라멘트를 넣고 전류를 통하게 하여서 인류에게 밝은 세상을 안겨주었듯이 진공 안에서 빛(묘유)을 통한 시간과 공간의 이동은 얼마든지 가능한 것입니다.

블랙홀과 화이트홀 그리고 웜홀 등 아직 밝혀지지 않는 각양각색의 홀(Hole)이 우주공간에 있지만 우리들은 알지 못합니다. 알 수 없고 보지도 못하는 수많은 공간과 홀을 연구하고 계발하는 것은 인류의 큰 숙원이기도 합니다. 불보살이 시간과 공간을 마음대로 넘나드는 것은 진공묘유를 이끌어 사용하기 때문입니다.

인류의 머나먼 미래는 진공과 묘유의 계발에 달려있다고 해도 과언

이 아닙니다. 모든 존재가 연기에 의해 아름답게 살아 숨을 쉬고 숨어 있는 진공의 세계에 함께 어울려 살 수 있는 새로운 세상을 계획하고, 생각할 수도 헤아릴 수도 없는 공간에 펼쳐져 있는 묘유로 고도로 발달된 정신과 물질이 하나로 완성된 세상 속에서 드림휴먼(Dream human)이 탄생하는 것은 그렇게 어려운 것만은 아닐 것이라는 것입니다.

드림휴먼이 탄생되는 시점은 인류의 역사가 새로 시작되는 출발점이며 우주의 지도가 새로이 바뀌는 계기가 될 것입니다. 드림휴먼이 탄생하는 중요한 계기는 인류가 우주와 만물의 근원인 마음을 바로 알고, 바로 깨달아 읽을 수 있으며, 바로 이끌어 쓸 수 있을 때 실현가능한 것입니다.

천재물리학자인 알버트 아인슈타인(Albert Einstein)은 과학의 진짜 아버지는 석가모니 부처님이라고 극찬을 하였고, 훗날 제자들에게 진짜 허공을 본 사람은 석가모니 부처님밖에 없다는 진실을 고백한 우주의 허공은 과연 무엇일까? 그리고 허공에선 무슨 일이 벌어지고 있는 것일까? 필자의 저서 「반야심경의 진실」안에 기록한 '참된 공의 모습' 단락에서 부분을 옮겨 보완하여 강조하고자 합니다.

천문학자들에 의하면 암흑물질(Dark matter)이라 부르는 이 물질은 방대한 공간에 걸쳐 별에 흡수되지 않고 별개로 존재하고 있으며, 따라서 스스로 빛을 발하지도 않는다고 합니다. 이것은 검은 옷을 입은 사람이 검은 배경이 드리워진 무대에서 눈에 잘 띄지 않는 것과 같은 이치입니다.

암흑물질의 정체와 성분은 지금까지 알려진 것이 거의 없습니다. 일부 천문학자들은 희귀한 입자나 블랙홀을 동원하여 그 정체를 설명하고 있지만 암흑물질의 구성성분은 아직도 현대 천문학의 가장 큰 수수께끼로 남아있다고 합니다. 우주는 우리 눈에 보이는 것들이 전체의 5%를 차지하고, 암흑물질이 25%를 채웠으며, 아직도 알 수 없고 보지 못하는 70%를 더 발견해야 하는 커다란 문제를 안고 있다고 합니다.

암흑 물질과 진공에너지 그리고 알 수 없고 보지 못하는 수많은 우주의 구성원들 그리고 진공 속에 스며든 고차원의 빛들. 이들이 바로 진공을 바탕으로 활발히 살아 숨쉬며 아름답게 빛나는 진공묘유인 것입니다. 작은 빛이 하나씩 모여 결국 오묘한 대광명의 빛을 발하는 진공 속 묘유는 결국 우리의 마음속에 내재 되어있는 자성을 나타내는 것일 수 있습니다.

진공묘유의 발견은 인류에게 엄청나게 큰 선물을 안겨줄 수 있는 동시에 인류를 다시 암흑기에 접어들게 하는 양면성을 가지고 있습니다. 인류는 만물의 행복과 평화를 위해 진공묘유의 활용방안을 찾아야 문화와 문명은 더욱 발전하고 우주의 역사에 크나큰 족적을 남길 것입니다.

붓다는 2500여 년 전에 마음이 열린 깨달음의 눈으로 우주의 질서와 비밀, 우주에 숨어있는 현상들을 바로 보아 알려주었지만 우리들이 놀라워하고 두려워하기에 진실의 실상을 뒤로하고 인간의 심리와 정신

감정 그리고 도덕에 중점을 두었던 것입니다. 그래서 중생들이 성숙해지자 반야경을 통하여 진공의 세계를 알려주었고, 법화경과 화엄경을 통하여 묘유의 세계를 펼쳐보였던 것이며, 『아미타경』의 극락세계를 통하여 진공묘유의 현실을 적나라하게 드러내었던 것입니다. 묘유는 망상에 의한 선악의 경계가 아니라 번뇌 망상이 사라진 적멸의 진여실상(眞如實相)을 이르는 말입니다.

가피력

삼매에 들어 깨달음을 얻거나 수행을 하게 되면 현재의 열악한 상황에서 벗어나 성숙한 자신을 만나 정반대의 현실이 펼쳐지거나 새로운 힘을 얻습니다. 기도를 하면 불보살의 가지(加持)와 가피(加被)의 묘력을 얻게 되며, 참선을 하면 득력을 하게 됩니다. 태양이 뜨면 세상이 활발히 움직이는 것과 같이 신령스러운 마음의 태양을 그리워하면 업장이 녹아 광명이 빛을 발하니 사악한 기운들과 나쁜 세포들은 죽거나 변화되고, 선한 기운과 좋은 세포들은 점점 보강되고 증장되는 것은 당연한 일입니다. 나아가 자성을 바라보는 일의 이익은 말해 무엇 하겠습니까?

힘을 얻는다는 것은 잠깐이라도 시간과 공간을 잊은 수행체험에서 가능합니다. 염불이나 화두를 들고 정성이 깃들고 간절히 정진을 하다

보면 나를 잊으며 장소를 잊고 몇 시간이 지나가거나 하루가 훌쩍 지나가게 됨을 만나게 되어서 먹고 자는 것을 잊을 때가 있는데 이때가 힘을 얻는 시기입니다. 여기서 더 나아가서 깊은 삼매에 들어가게 되면 깨달음을 얻게 됩니다.

비록 시간과 공간을 잊은 수행체험을 이루지 못하더라도 오랜 세월 동안의 정진이 쌓이면 자신도 모르게 힘을 얻게 되니 꾸준하게 정진하는 것이 필요합니다.

아무런 끈기와 능력이 없는 사람이 무엇을 하든지 적극적이며, 그리고 원하는 만큼의 결과를 얻어내는 능력자로 바뀌는 것은 수행의 힘입니다. 아둔한 자가 천재의 근기로 다시 태어나는 것도 기도로 얻어진 묘한 힘이 붙었기 때문입니다. 늘 자신감이 없는 겁약한 자가 훗날 용맹스럽고도 밝은 기운이 살아 넘치는 것은 자성을 찾는 수행을 통해 힘을 얻었기에 가능한 것입니다. 박복한 상을 가진 자가 수행을 통해 힘을 얻으면 복덕과 공덕이 덕지덕지 붙은 훌륭한 상으로 만들어집니다. 실패에 굴하지 않고 꾸준히 창조적인 일에 매진하는 것은 진공묘유의 힘입니다.

타고난 품성은 바뀌기 어렵다고 하지만 기도나 참선을 통해 힘을 얻고 나면 못나고 악한 천성도 스스로 감화되어 환골탈퇴 하여서 영웅이 되는 것입니다. 비난을 많이 받는 사람도 수행을 통해 마음이 안정되면 사람들의 입에서 비난의 말 대신 칭찬의 일면도로 바뀝니다. 다른 사람의 마음을 변화시키는 일도 수행의 힘에서 얻어집니다. 정말 어렵고 불가능하다던 일도 기도와 수행의 힘으로 이루어지니 초능력이 아니고 무엇이겠습니까?

힘을 얻는다는 것은 불가능이 없는 우주의 기운을 얻는 것이고, 나의 마음과 붓다의 마음이 하나로 연결된 적정(寂靜)의 완성된 회로를 얻는 것입니다. 이것은 우주와 나, 서로의 마음이 전하는 수행이 익어가는 것이며, 원력이 성숙되어 붓다와 내가 연결되어 서로를 따르는 참된 연기에 의하여 일어난 목소리와 메아리, 모습이 있으면 그림자가 따르듯이 양쪽이 하나가 되어가는 것입니다.

처음엔 잘되지 않았던 수행도 정성을 실어 열심히 하다 보면 점점 잘되어간다는 것을 느끼는데 이것도 정진의 힘을 얻은 것입니다. 힘을 얻으려면 우선 참고 인내하는 것을 배워야 합니다. 인내는 쓰나 열매는 달다는 말이 있듯이 하기 싫고 힘들다는 생각이 들 때에도, 놀고 싶을 때에도, 어떤 때는 죽을 것 같은 생각이 들지라도 몸과 마음을 추스르고 가다듬어서 다시 수행에 매진해야 합니다.

수행은 자신이 얼마나 간절한 정성을 기울였고 피나는 노력을 하였나, 그 비례에 따라 힘을 가져갑니다. 그래서 기도는 오직 타력에만 의존한다는 것도 어불성설이며, 자성을 깨닫는 염불수행을 하여도 열심히 수행을 하면 자연히 불보살의 가피를 받는 도랑 치우고 가재를 잡는 일석이조의 행운이 따라옵니다. 그러므로 수행자는 먼저 자신을 속이지 않는 진실한 마음가짐이 중요합니다. 남을 속일 수는 있으나 자신을 끝까지 속일 수는 없기 때문입니다. 작은 것을 얻고도 큰 힘을 얻었다고 자부하며 자랑하고 떠든다면 진정한 수행자라 할 수 없습니다. 붓다께서는 이런 사람을 증상만인(增上慢人)라 하여 불법을 비방하는 자, 구제하기 힘든 자라 하셨습니다.

묘력은 불보살의 힘을 부여하기 때문에 기도나 염불수행을 통한 경로에서 얻을 수 있습니다. 묘력을 얻었다는 것은 기도의 대상인 불보살의 원력과 마음이 어느 정도 닮아가고 있다는 증거입니다. 무선의 수신과 발신으로 마음을 전하고 받아서 서로를 알고 배워가고 있는 것입니다.

묘력은 어떤 다급한 상황에 처해졌을 때 묘한 힘이 펼쳐질 수 있게 합니다. 일종의 초능력이라 할 수 있습니다. 기도나 마음수행에서 얻은 힘이 다급하거나 위급한 상황에 처할 때 마음을 따라, 생각을 따라 불보살의 가지와 가피의 힘이 작용하여 수행자를 지키거나 뜻하는 바를 이루게 합니다. 그 대표적인 묘력의 사례가 염피관음력(念彼觀音力: 관세음보살을 생각하는 힘으로)과 관음묘지력(觀音妙智力: 관세음보살의 묘한 지혜의 힘으로)입니다.

관세음보살 일심칭명은 마음이 밝아져 깨달음을 얻지만 관세음보살을 생각하고 칭명하는 힘만으로 온갖 재난과 저주로부터 나를 지키고 풀어주며 원력을 성취하는 힘이 있습니다. 그리고 마침내 깨달음을 이루어서 나를 괴롭혔던 재난과 번민은 청정하고 지혜로운 눈, 대비의 눈으로 변하여 변화무쌍한 세상을 관하고, 몸 덩어리는 그대로 천개의 손이 되어 고통에서 허덕이는 중생에게 이익을 주니 이만한 묘력은 없을 것입니다.

　관세음보살은 바다와 같은 넓고 큰 서원으로 무량한 세월 동안 수많은 부처님을 모시고 크고도 청정한 원력을 세우고 수행하여 옛적에 정법명왕의 붓다가 되었지만 중생을 사랑하고 가엽게 여기는 마음이 깊어 관세음보살로 있으면서 중생의 근기에 따라 모습을 바꿔가며 당신이 지닌 힘인 십사무외력(十四無畏力: 중생을 고통에서 벗어나게 하는 힘. 불 속의 중생을 타지 않게 하는 힘. 물에 빠진 중생을 구제하는 힘. 귀신의 해를 입지 않게 하는 힘. 살해를 당하게 되어도 칼이 토막토막 부서지게 하는 힘. 어두운 성품을 없이하여 야차나 나찰 등 악귀를 만나지 못하게 하는 힘. 중생에게 쇠고랑, 칼, 오랏줄 같은 것이 몸에 붙지 못하게 하는 힘. 험난한 길을 가더라도 도적이 겁탈하지 못하게 하는 힘. 음욕을 여의게 하는 힘. 성내는 마음을 없애게 하는 힘. 어리석음을 영원히 여의게 하는 힘. 지혜총명한 아들을 낳게 하는 힘. 단정한 딸을 낳게 하는 힘. 관세음보살을 한 번 부르는 것이 62억 항하사 보살의 명호를 부르는 것과 맞먹는 복덕이 되게 하는 힘)과 사부사의덕(四不思議德: ①갖가지 모습을 나타내어 중생들을 구호하다. ②여러 가지로 중생들에게 보시하다. ③여러 세계의 중생들에게 모두 관세음보살을 염念하게 하다. ④중생들의 소원을 그대로 이루어지게 해준다)의 힘과 덕은 몸과 마음으로 스며들어 온광명이 그대로 따뜻한 손이 되고 빛나는 머리가 되어 중생을 향하고, 마음은 청정한 보배의 눈이 되어서 자비와 위엄으로 모든 중생에게 고통을 뽑아내고 해탈의 즐거움을 주는 힘이 관세음보살에게 있습니다.

조선시대 말기에 관세음보살을 일심칭명하여 견성한 무융스님이 계셨습니다. 조선 말기에 큰 도인으로 추앙을 받고 있는 스님은 화두참선을 하는 수행자나 염불정진을 하는 수행자를 가리지 않고 모두 제도하고 가르치셨습니다.

화두 참선하여 견성한 근대의 한국 선불교를 중흥시킨 경허스님과는 동시대의 인물로 중생들에게 법을 쓰는 방법이나 방편을 쓰는 방법이 경허스님과는 완전히 달랐습니다.

가난한 집안에서 태어난 무융스님은 순천 송광사에서 공양주 노릇을 하며 받은 보시를 한 푼도 쓰지 않고 모아 두었다가 3년 만에 공양주를 그만두고 모아둔 돈으로 양식을 준비했습니다. 양식을 짊어지고 깊은 산중의 동굴로 들어가 나오지 않으며 3년 동안 관음염불을 하여 견성을 한 다음 굴에서 나와 납자들을 지도하였습니다. 무융스님은 납자들을 지도하다가 간혹 이런 말씀을 하셨습니다.

"너희들 공부만 하느라고 속도 허전할 것이고 운동량도 부족할 테니. 오늘 어느 동네에 가면 누구 집 결혼식이 있어. 거기 가서 음식도 실컷 먹고 마른 것은 싸가지고 와서 먹도록 해라."

그래서 납자들이 가서 보면 말씀과 조금도 다름이 없었습니다. 훗날 스님이 천안 광덕사의 후불탱화 점안식에 경허스님과 함께 증명법사로 초청을 받을 때의 일입니다.

두 스님은 계율을 중요시하는 어른이 아니셨기 때문에 점안식을 잘 마치고 대중 보시금을 받은 스님들은 주막집에 가서 마음껏 먹었습니

다. 그리고는 무융스님이 뚱딴지처럼 이렇게 말하는 것이었습니다.

"이제 구하러 가야 안 되겠나. 송광사로…"

"암! 가야지."

경허스님도 맞장구를 쳤습니다. 두 스님은 거나한 상태로 순천 송광사에 들어가자 젊은 대중들이 우르르 몰려나와 위협을 가했습니다.

"어디서 이름도 얼굴도 모르는 땡초중이 곡차를 하고 승보 사찰인 송광사에 들어오느냐?"

젊은 장정들 서넛은 한방에 날릴 만큼 신체가 장대하였던 두 스님은 웃옷을 벗고 앉았습니다.

"그래 몸이 지긋지긋했는데 어디 좀 맞아보자 두들겨 패봐라!"

젊은 대중들은 우르르 몰려들었다가 기가 질려 밀려나며 말했습니다.

"저쪽 개울을 건너가면 물방앗간이 있으니, 거기 가서 지내시고 절 안으로는 들어오지 마십시오."

두 스님은 절 한쪽 편의 물방앗간으로 가서 곡차를 마시며 하룻밤을 지냈습니다. 이튿날 아침에 경허스님이 말했습니다.

"자! 출발하자"

"좀 있어봐. 내 할 일이 하나 남아있어."

무융스님은 걸망을 짊어지고 조실 방 앞으로 가서 크게 외쳤습니다.

"동고당! 동고당! 동고당!"

큰 소리로 이름을 세 번 부른 스님은 또 외쳤습니다.

"한평생 중노릇을 한 이가 까치새끼가 되겠다며 까치집으로 들어가려 하다니!"

스님은 굵은 주장자로 마룻장을 '꽝꽝' 울리고는 경허스님과 함께 송광사를 떠났습니다. 그 당시 송광사의 조실인 동고스님은 나이가 많아 세상을 떠날 때가 가까웠습니다. 죽음에 임박한 동고스님은 비몽사몽간에 늘 산책을 다니던 송광사 문을 지나 그 앞의 개울가로 갔습니다. 그런데 난데없는 누각이 보였고 울긋불긋한 옷을 입은 사람들의 풍악에 맞추어 노래를 부르며 즐겁게 놀고 있는 듯했습니다. 마침 천연색 빛깔의 옷을 입은 사람이 누각에서 내려오는 것을 보고 스님은 물었습니다.

"무슨 일이 있기에 풍악소리가 들리고 노랫소리와 웃음소리가 끊이지 않습니까?"

"아미타불 진신께서 현신하여 설법을 하고 계십니다."

평생 정토왕생을 발원하며 미타염불을 했던 동고스님은 귀가 확 뚫렸습니다. "아미타불 진신이 오셔서 현신설법을 하시다니! 나도 들어가서 법문을 들어야지."

스님이 누각의 계단을 막 올라가려고 하는데 뒤에서 험상궂게 생긴 한 승려가 나타나 호통을 쳤습니다.

"한평생 중노릇을 한 이가 까치새끼가 되겠다며 까치집으로 들어가려고 하느냐!"

그리고는 주장자로 등이 으스러지도록 내리치는 바람에 깨어났습니다. 그 이튿날부터 동고스님의 병은 차도가 있었고, 며칠이 지나 병이 다 나은 다음에 스님은 누각의 꿈을 이상하게 생각하여 그곳으로 갔습니다. 하지만 누각이 보이기는커녕 까치집이 있는 큰 나무 한 그루가 서 있었고 까치집 속에는 얼마 전에 부화된 새끼 몇 마리가 꿈틀대고 있었습니다.

관음염불로 자성을 발현하여 힘을 얻은 무융스님은 옛날 송광사에서 같이 정진했던 지금의 송광사 조실인 동고스님을 구제한 것입니다. 관음염불 일심칭명으로 견성하였기에 무융스님은 곧바로 관세음보살의 화신이 되었고, 몸과 마음은 중생을 위하는 천수천안(千手千眼)이 되어서 자비와 무애행을 걸림 없이 썼던 것입니다.

무융스님은 혜안으로 옛 도반인 동고스님의 죽음이 다가왔음을 알았고 그 죽음이 입적이 아니라 까치새끼로 환생하는 것을 막기 위해 송광사로 찾아갔습니다. 이때 경허스님도 동참을 하였지만 무융스님의 혜안과 같은 견처(見處)가 있었던 것인지는 모르겠으나 무융스님이 할 일이 남아있다는 것을 몰랐기 때문에 아마도 견처가 조금은 다른 것 같습니다.

무융스님은 동고스님을 세 번 부른 뒤 죽음직전에 처한 동고스님의 무의식속으로 관세음보살의 32응(應)과 같은 위신력으로 스님으로 변하여 들어갔고, 주장자로 바닥을 내리치는 법력을 통해 동고스님의 등을 세차게 내리쳐서 막 까치 새끼의 몸속으로 들어가려는 동고스님을 구제하였습니다. 무용스님은 관세음보살 일심칭명으로 견성하였고, 이후 관세음보살의 화신이 되어 중생제도에 인생을 바친 것입니다.

묘력과 득력은 한 고비 넘긴 수행자에게 찾아오는 불보살의 가피와 자성의 배려입니다. 힘을 얻었다고 자만하지 말고 얻은 힘을 지켜나가는 것이 중요합니다. 바른 생활과 꾸준한 수행 그리고 이타의 삶으로 맑고 밝은 마음을 지켜나가서 마침내 깨달음으로 전환해야 합니다.

자비

자비(慈悲)는 사랑하는 마음과 측은지심이 이루어낸 결정체입니다. 애절하게 사랑하는 마음은 자(慈)가 되었고, 한 없이 가엾고 불쌍히 여기는 마음은 비(悲)가 되어서 자비라는 말이 생기게 되었습니다. 불보살들이 중생을 애절하게 생각하고 사랑하면서 고통 속에서 헤매는 중생들의 일그러진 마음과 얼굴의 현실을 가엾고 불쌍하게 생각하기에 자비는 부모가 자기자식인 갓난아기를 바라보는 심정일 것입니다. 몸과 마음의 작은 구석까지도 관심을 가지고 살피며 무언과 무심으로 따뜻한 광명을 비추는 자비에서 우리는 신심과 열정의 눈물과 땀을 흘립니다.

순수하고 청정한 마음에서 일어나는 활짝 핀 성스러운 연꽃은 자비의 핵심입니다. 그 허공에서 자연스럽게 피워난 연꽃의 자태에서 뿜어

나오는 아름다움과 만물을 매료시키는 그윽한 향기는 자비의 에너지입니다.

온갖 중생들을 사랑하며 눈앞에 모든 이들에게 자비심이 일어나는 중생연자비(衆生緣慈悲)는 아직 번뇌를 완전히 끊지 못한 수행자에게 나타나는 법열일 것입니다. 일체법이 공함을 깨달은 성자의 마음에서 나오는 법연자비(法緣慈悲)는 보살이 중생에게 전하는 자비의 밭(田)일 것입니다. 모든 중생을 향하여 평등한 마음으로 이익을 주기 위한 붓다와 대보살의 무연자비(無緣慈悲)는 자비의 최상인 대자대비(大慈大悲)인 것입니다.

자각(自覺)을 완성시킨 붓다는 지혜와 함께 수레의 두 바퀴처럼 자비심이 있어야 합니다. 물론 붓다의 제자인 마음을 닦는 수행자에게는 붓다의 제일심(第一心)인 지혜와 자비심은 꼭 얻어야 하는 마음입니다.

지혜와 자비. 어느 한 쪽이 없던지 균형을 맞추지 못하면 수레가 안전하게 굴러가지 못하고 설사 억지로 수레를 몰고 가더라도 문제점이 생기게 되는 것입니다. 그래서 지혜가 있으면 자비가 있는 것이고, 자비가 있으면 지혜가 구족 되어지는 것입니다. 어느 한 쪽으로 치우쳐 나간다는 것은 엄밀히 말해서 올바른 수행 길을 가는 것이라고 할 수는 없습니다.

티베트의 성자 파드마삼바바는 이렇게 말씀하셨습니다.

"자비가 없는 불법수행은 결코 열매를 맺지 못할 것이다. 아니, 자비 없이는 그대들의 불교수행은 오히려 썩어 들어갈 것이니 꼭 명심해야 한다."

자비심이 생겨나지 않는다면 스스로를 점검해야 합니다. 오직 나 자신만을 위한 수행인가? 대승의 원력은 가지고 있는가? 열정적으로 정진을 하고 있는 것인가?

다급하고 위급한 상황에서 자신도 알지 못하게 우러나오는 진실한 자비심은 바른 수행의 길을 걷고 있는 수행자의 징표입니다. 무착보살(Asanga)이 병든 개를 구하기 위해 자신의 살을 잘라 벌레를 옮긴 이런 순수하고 진실한 자비심이 있다면 천성인(千聖人)을 감동시키고 결국 원하는 수행의 과(果)를 얻을 수 있습니다. 그래서 자비심이 있다는 것은 불보살이 되어간다는 증거입니다.

중생을 교화하고 이끌기 위해서는 작은 배려 속에서 자비심이 일어나야 합니다. 그래야 중생들은 감동을 받아 불법을 가까이하고 업장을 닦고 지혜를 증장시켜 깨달음을 얻습니다. 불법의 강력한 무기는 붓다의 순수하고 진실한 마음인 자비입니다. 자비무적(慈悲無敵)이라 자비에는 적이 없다는 말입니다. 자비에는 미워하고자 하는 원수의 대상도 없고, 귀신의 장난이나 악몽에 시달리지 않으며, 모든 장애를 막을 수 있고, 천신이 보호해주는 가장 아름다운 힘입니다.

『잡아함경』에서 붓다께서는 이런 말씀을 하셨습니다.

"비구들이여, 만일 사문이나 바라문이 소젖을 짜는 동안이나마 모든 중생에 대한 자비로운 마음을 닦아 익히면 온갖 나쁜 귀신이 그의 잘못을 엿보아 찾더라도 그 틈을 얻지 못할 것이요, 도리어 제가 다치기만 할 것이니라. 그러므로 잠깐 동안이라도 자비심을 닦아 익혀야 하느니라."

자비심의 공덕이 제일입니다. 물질로 보시하는 공덕보다 중생을 사랑하고 자비로운 마음을 닦아 익혔다면, 물질로 보시한 공덕보다 수승합니다. 그래서 자비심은 바로 피안(彼岸)이라 할 수 있습니다. 수행자는 자비로운 마음으로 세상을 바라보아야 합니다. 남이 꾸짖더라도 화내고 욕하면서 맞서 대응하지 말고 자비로운 미소가 나와서 상대방을 대하여야 합니다. 이웃을 만날 때에도 진솔한 자비심으로 인사하고 대하여야 합니다. 자비심은 선행을 일으키는 근본입니다. 선행 속에서 기쁨을 누리고 자신을 사랑하며 만인의 벗이 되는 자비심을 닦아야 합니다.

땅은 깨끗한 것도 받아들이지만 더러운 배설물도 받아들입니다. 그 더러운 배설물을 받아들여 발효시키고 숙성시켜서 비료로 재탄생을 시켜 식물에 도움을 주고 식물을 먹고 사는 동물에게도 이익을 줍니다. 그러나 땅은 더러운 것을 받아들일 때도 묵묵히 하여 인간들처럼 작은 더러움에도 호들갑을 떨지 않고 생각 없이 받아들이지만 인과를 남깁니다. 대지 위에서 초목이 우거져 자신의 존재가 드러나지 않거나 혹은 땅이 황폐해 사막으로 변해도 동물들의 약육강식이 벌어지더라도 땅은 아무 말 없이 그들의 안식처를 제공할 뿐입니다.

세상은 개인주의 성향으로 흘러갑니다. 나와 가족 그리고 나의 지인들 외에는 별로 관심을 두지 않고 잘못을 남의 탓으로 돌리는 버릇이 강합니다. 세상은 홀로 존재할 수 없습니다. 힘들고 어렵더라도 우리는 더불어 살아가야 하는 것이 정답입니다. 현재의 내가 상황이 좋고 운이 좋아 성공하고 돈을 벌었더라도 그 돈은 나만을 위하는 돈이 아닐 것입니다. 나누고 베풀 때 나의 성공과 돈은 더욱 빛날 것입니다. 시간이 흐르면 흐를수록 더욱 메말라 가는 인간의 감성들이 안타깝기만 합니다.

우리들은 지금 이 시점부터 땅의 알림 없는 자비를 배워야 합니다. 대지는 깨끗하고 더러운 것에 상관하지 않고 일단 받아들여 스스로 발효하여 숙성시켜서 땅속과 땅 위에 사는 모든 것들에게 무주상보시를 실천합니다. 그러나 땅은 대가를 바라거나 알아주기를 기다리지 않습니다.

자비를 베푸는 자신을 스스로 알지 못하는 자비는 성스럽기까지 합니다. 그래서 대지는 어머니 품처럼 아늑합니다. 그저 알든 모르든 나를 통해서 이익을 얻고 행복하게 살며 자손을 번창시켜 곳곳에서 재목이 나오는 것을 축원할 뿐입니다.

인간들은 너와 내 편을 가르지 말고 이웃을 향해 따뜻하고 밝은 미소를 보내는 사랑하는 마음을 가져야 합니다. 이웃이 짓는 복덕도 나의 일처럼 기뻐해줄 수 있어야 합니다. 이기적인 생각으로 이웃에게 피해를 입히고 냉소적인 마음 씀을 버리고 자비 속에서 이웃을 떠올려야 합니다. 자비심이야 말로 영혼을 훈육시키고 성스러운 곳으로 이끄는 불핵(佛核)의 연료 창고입니다.

한 시대를 이끄는 지도자들에게 자비한 성품이 있는 것은 당연한 사항입니다. 왜냐하면 자비심은 세상을 이끌어갈 수 있는 확실한 핵폭탄이기 때문입니다. 악하고 거친 말 대신 선하고 부드러운 말과 함께 꾸중 대신 칭찬으로 구성원을 대할 때 그들은 감동과 깨달음을 얻어 진실한 마음으로 지도자들을 다시 한 번 바라보며 따르게 될 것입니다.

자비심을 너무 부드럽고 나약하다는 표현을 쓰는 분들도 계십니다. 그러나 자비심은 나약한 마음이 아닙니다. 내공이 강하지 않으면 제대로 흘러나오지 못하는 것이 자비심입니다. 수행자가 열심히 수행하여 텅 빈 공을 체험한 마음에서 흘러나오는 자비심이야말로 강하면서도 아름다운 자비입니다.

자비는 수행의 척도이며 자비심을 가지면 수행의 성취도가 빠릅니다. 자비심이 있느냐에 따라 훌륭한 수행자가 되는 것입니다. 자비심이 있는 자는 외관상으로도 다릅니다. 맑고 선한 기운이 흐르고 밝은 빛이 비추어 나와 보는 이로 하여금 그대로 신심과 환희심을 불러오기도 합니다.

광활한 우주도 지혜로 운용이 되고 자비의 법칙으로 돌아갑니다. 우주의 핵심인 지혜는 대우주가 어느 한쪽으로 치우치지 않고 각자의 개성인 모든 것들이 움직이고, 진동하며, 원을 그리며 움직이는 고유의 진동과 주파수가 변형 되거나 일그러지지 않고 조화롭게 살려서 균형을 맞춰나가는 운용의 역할을 합니다. 시간과 공간을 통하여 서로 끌어당기는 중력을 사용하여 모자라는 것은 강한 것에 예속되고, 빛의 색깔로 우주와 행성이 희로애락을 표현합니다. 그리하여 대폭발로 생을 마감하지만 결국엔 대폭발로 인하여 다른 우주와 행성이 만들어지는 결과를 초래하게 됩니다.

자비는 우주의 태양입니다. 우주의 구성원들의 성주괴공을 통하여 변화발전 하도록 묵묵히 비추면서 질서가 흐트러지지 않도록 모든 것에 관심을 갖습니다. 이것이 이른바 신(神)이라 하는 것입니다. 우주의 숲을 관리하지만 개개의 성품을 이해해 주고 존중해가면서 그들이 고통스러워하고 고난에 처했을 때 빛과 소리로 그들을 고통에서 빠져나오게 하고 고난을 풀어주며 원하는 것을 이루게 하는 빛과 소리 즉 관음(觀音)은 그대로 자비인 것입니다.

자비심 앞에는 종교와 이념과 사상이 무너집니다. 종교와 이념과 사상의 울타리가 무너질 때 참다운 행복과 평화가 이루어지는 것입니다. 나와 우리만을 생각하는 집단 이기주의는 이익을 추구하기 때문에 개인과 조직을 서서히 무너지게 합니다. 개인과 우리라는 작은 테두리에서 우주적인 하나의 큰 테두리로 마음이 전이된다면 지구는 또 다른 행복과 평화를 맞이할 것입니다. 인류의 평화는 자비심에 있다는 것입니다. 생물체는 물론 무생물까지도 나아가 보이지 않는 미물에게도 사랑을 품는 자비심을 이해하기는 어려울 것입니다.

동물들도 자신을 사랑해주는 마음을 알고, 산천초목도 자비한 마음

씀을 감지합니다. 대비주로 달통하였던 수월스님은 사납기로 소문난 만주 개 수십 마리의 무리들을 무릎 꿇게 만들었던 것은 수월스님 그대로가 자비의 몸이기 때문에 가능했던 일이었고, 신라시대의 대안대사도 젖을 동냥해 너구리 새끼를 기르는 일도 깊은 자비심에서 우러나오는 대자대비인 것입니다.

"조선 영조 때에 암행어사로 유명한 박문수(1691~1756)의 이야기입니다. 박문수의 부모는 평소 가난하고 병고에 시달리는 사람들을 돕는 자비심이 많은 사람이었습니다. 특히 불심이 깊어서 남모르게 스님이나 사찰에 보시하는 것을 즐겨하였습니다. 그러나 이 부부에게 한 가지 걱정거리가 있었으니 슬하에 자식이 없는 것이었습니다.

부부가 남을 돕는 방법은 남달랐습니다. 오일장이 서는 곳에서 탁발하러온 스님을 집으로 모셔와 공양을 차려드리고 보시하는 일이었습니다. 부부는 이일을 한 번도 거르지 않고 하인을 시켜 스님을 모셔와 시주를 하였습니다. 한번은 하인이 평소대로 장터를 돌며 탁발승을 찾았으나 그날따라 보이지 않았습니다. 고의로 스님을 모셔오지 않은 것으로 오해를 살까봐 걱정이던 하인의 눈에 한 스님의 모습이 눈에 띄었습니다. 하인은 사람들을 헤치고 스님이 있는 쪽으로 다가갔습니다.

그런데 이게 웬 일입니까? 그 스님은 문둥병 환자였습니다. 눈썹이 다 빠지고 손발에서는 고름이 흘러내렸습니다. 하인은 기겁을 하고 멈춰 섰지만 이내 생각이 바뀌먹었습니다. 장날마다 스님을 모셔오라는 일에 회의감이 들었던지라 저런 스님을 모셔 가면 다시는 이 일을 시키지 않을 것이라는 생각이 들었던 것입니다.

머슴이 스님에게 자초지정을 말하고 따라오라고 하니 스님은 잠자코 따라 나섰습니다. 그 모습이 징그럽고 보기가 싫어 머슴은 스님을 뒤로 한 채 앞만 보고 걸었습니다. 이윽고 주인에게 스님을 모셔왔다고 아뢰니 부부가 황급히 대문으로 나와 맞이했습니다. 머슴은 주인 부부가 문둥병 스님을 어떻게 맞이할까 궁금하기도 하였습니다. 부부는 고름을 흘리는 스님을 보고 많이 놀랐지만 합장인사를 하고 마루로 모셨습니다. 그리고 세숫물을 준비하여 손수 발을 씻기고 약을 발라 드린 후 공양을 대접하였고, 약품과 생필품 그리고 공양미를 바랑에 가득 차게 보시하였습니다.

이렇게 평소와 다름없이 스님께 보시를 하니 머슴은 주인의 자비심에 깊이 감화를 받았습니다. 그런데 스님은 주인이 발을 씻기고 약을 발라주어도 도무지 황송해 하거나 고마워하는 기색 없이 조용하였습니다. 공양과 시주를 받고 대문을 나설 때까지 한 마디의 말도 하지 않았습니다. 부부가 대문에서 나와 합장을 하자 그때서야 처음으로 말문을 열었습니다.

'얼마 후에 이 가문에 남아가 태어날 것이외다. 나는 문수보살이라 하오.'

말을 마치자 스님은 홀연히 사라지셨고, 부부는 놀랍고 신기하기만 할 따름이었습니다. 과연 얼마 후 부인에게 태기가 있어 남자 아기를 낳았으며 문수(文殊)보살의 가피력에 의해 태어난 아이였기에 이름을 문수라 지었지만 성인의 이름을 그대로 쓸 수가 없어서 문수(文秀)로 고쳐지었던 것입니다. 부모님의 자비행으로 태어난 박문수는 총명하고 성품이 청렴해서 과거 시험에 장원으로 합격하여 암행어사가 되었고, 탐관오리들을 척결하여 도탄에 빠진 수많은 중생을 구제한 인물이 되었습니다."

제5부

진공 속에 스며든
보석

마음과 우주의 세계

白衣觀音無說說 南巡童子不聞聞

백의관음무설설 남순동자불문문

瓶上綠楊三際夏 巖前翠竹十方春

병상녹양삼제하 암전취죽시방춘

백의관음은 말씀 없이 설법하시고

남순동자는 들음 없이 알아듣는구나!

자비 위에 푸른 버드나무는 한없는 시간 속의 여름이고

지혜 앞의 비취 대나무는 끝없는 공간 속에 봄이더라.

석가세존이 정법안장(正法眼藏: 정법을 가릴 수 있는 마음의 눈) · 열반묘심(涅槃

妙心: 번뇌 망상이 끊어진 열반의 묘한 마음)을 가섭존자에게 전했는데요, 이 게송은 관세음보살이 남순동자에게 이심전심(以心傳心)의 심법을 전하는 게송이며, 마음과 우주의 아름다움을 표현한 법문입니다.

백의관음은 성관음입니다. 32응신의 관세음보살 중 대표적인 관음이 성관음입니다. 성관음은 정관음(正觀音)으로 불리기도 하며, 가장 원형에 가까운 관음으로서 『관음경』에 근거를 두고 있습니다. 백의를 입은 것은 청정한 자비를 제일로 치는 관음이라는 것입니다. 그런 관음보살이 말씀 없이 설법한다고 하였습니다. 이것은 무엇을 의미하고 있는 것일까요, 그리고 무엇을 설법하고 그 설법을 전하는 대상은 누구이겠습니까?

무설설(無說說)이 가능하다는 것은 온 몸과 마음이 그대로 법체(法體)이기에 가능한 것입니다. 즉 자비와 지혜를 완성했다고 볼 수 있습니다. 몸과 마음이 그대로 자비와 지혜이기 때문에 그 법체 하나로 법문이 이루어진 것입니다. 새벽예불 후에 올리는 행선축원(行禪祝願)에 이런 말씀이 나오지요. "문아명자면삼도(聞我名者免三途: 나의 이름을 듣는 자 삼악도를 면하고) 견아형자득해탈(見我形者得解脫: 나의 형상을 보는 자 해탈을 얻어지리라)"은 수행이 완성된 경지에 이루어지는 법력입니다. 보살지위에 이르러야 서서히 이루어지는 겁니다.

백의관음이 남순동자에게 말씀 없이 설법을 하십니다. 남순동자는 『화엄경』의 입법계에 나오는 선재동자입니다. 문수보살의 안내를 받아 53선지식을 찾아 가르침을 받고자 남쪽의 모든 나라를 돌면서 두루 섭

렵하였기에 선재동자의 다른 이름입니다. 동자는 20세 미만의 사내아이를 이르기는 하나 여기서는 불법을 깨닫고자 하는 수행자, 대승을 발심한 보살이라 할 수 있습니다. 이러한 남순 동자가 들음 없이 설법을 듣는다고 하였습니다. 들음 없이 듣는 것은 서로 통했다는 것이 성립됩니다. 마음이 통했던지, 뜻이 통했던지, 마음과 우주의 진실상을 허심탄회하게 이어받은 것입니다.

석가세존이 영산회상에서 제자들에게 설법을 하시는데 대범천이 환희심이 나서 꽃 공양을 올렸습니다. 하늘에서 꽃비가 내리니 그 중에 꽃 한 송이를 들어 대중에게 보이자 대중은 어리둥절하였습니다. 그러던 중 가섭존자만이 스승의 뜻을 알았다는 듯 빙그레 미소를 지어보이자 "나에게 있는 정법안장 · 열반묘심의 법을 가섭존자에게 전한다"고 하였습니다. 이 염화미소(拈花微笑)는 유명한 일화이며, 선객들의 화두로도 쓰이고 있습니다.

세존께서 들어 보이신 꽃이 식물학적인 꽃이거나 형상이 있었던 꽃이었겠습니까? 우리들이 분별과 망상으로 세상을 바라보아서 물질과 형상이 만들어졌지, 분별과 망상이 부서져버리고 허공마저 녹아내린다면 어떤 상황이 펼쳐지겠습니까?

이 세상은 곧 바로 빛과 보석으로 가득한 중중무진의 실상의 세계, 빛과 소리의 파장으로 일궈낸 에너지의 세계가 펼쳐질 것입니다. 여름의 푸른 버드나무처럼 생기 넘치고, 봄의 대나무처럼 싱그러운 빛과 보석 그리고 소리의 파장이 삼세와 시방에 즉, 시간과 공간에 가득하다는 것입니다. 이런 세상을 바로 볼 때 어찌 깨달음의 진실한 눈물을 흘리지 않을 수 있으며, 파안대소의 행복한 웃음을 보이지 않을 수 있으며, 억만 겁을 두고 쌓아온 악업의 체증이 한길로 뚫리지 않겠습니까.

마음! 마음이란 것이 대체 무엇이길래 인간의 희로애락과 생로병사를 마음대로 쥐었다 놓았다 하는가! 깨달음을 얻어 그 감동의 순간을 평생 잊지 못하고 모든 고통에서 벗어나 지극한 행복과 평화를 이어받아서 이타적인 삶을 살아가는 것인가. 마음은 형체도 없고, 냄새도 없으며, 빛깔도 없지만 우리는 마음을 통해 형체와 냄새와 빛깔 그리고 소리를 듣고 알 수 있습니다.

사람들은 눈으로 세상의 밝고 어두움과 형상을 보려 하고, 코로 냄새를 맡으려하며, 귀로 소리를 들으려고 합니다. 이런 단순한 육근(안, 이, 비, 설, 신 의)의 작용은 우리들을 평생 육근의 노예로 만들기 쉽습니다. 이렇게 되면 육근은 도둑이 되어 버리는 것입니다. 즉 밖에 달린 신체 기능에만 정신이 가기 때문입니다. 눈은 아름다운 꽃을 보면 꺾어 가지고 싶고, 견물생심(見物生心)이라 좋은 물건을 보면 내 것으로 만들어야 직성이 풀리고, 좋아하는 음식의 맛있는 냄새에 온 정신이 팔리며, 잔소리나 충고는 듣고 싶지 않고 귀 좋은 말만 듣고 싶은 것입니다.

우리들은 원래 마음을 통해서 보고 듣고 맛보며 냄새를 맡아야만 하지만 그러나 대부분 이런 오묘한 이치를 잊어버립니다. 즉 산소를 마시고 사는 인간이 산소의 존재를 망각하듯이, 마음의 오묘한 이치를 잊어버리면 밖에서 밖을 바라보는 시야가 좁은 일차원적인 기능만 가능할 뿐입니다. 그렇지만 우리에게 주어진 능력은 마음에서 사람을 바라보고 느끼며 행동하는 거시적인 실천이 우리를 주인으로 만들고 주체적인 인생을 만들어나갑니다. 즉 마음 안에서 밖을 바라볼 때 올바르게 바라볼 수 있으며 고통과 화를 이겨낼 수 있고, 나와 마음은 제 역할을 하는 것입니다. 자신의 단점과 결점을 알아서 보완하고 보충하는 방법을 마음은 알고 있습니다.

우리들은 마음의 진실성과 무한히 받아들이는 공간성을 애써 외면하는 경우가 많습니다. 그것은 자신의 편리함과 이익을 위해 대중의 법칙을 따르지 않는 것입니다. 대중의 법칙은 함께 기뻐하고 함께 슬퍼하는 나눔의 공익성을 강조하지만 밖에서 밖을 바라보는 개인적 관점에서는 숲은 바라보지 않고 나무만을 바라봅니다. 대중을 기피하고 이기주의로 향해 나갑니다. 그러나 안에서 밖을 바라보는 대중적 관점은 숲과 나무를 함께 보는 것입니다. 대중의 화합을 생각하고, 대중 개개인을 이해하고 존중해주며 함께 기뻐하고 함께 슬퍼하는 범이타적(凡利他的)인 인생관을 갖게 됩니다. 인생의 난관을 마음에서 겸허히 받아들여 난관을 자비화시키는 범 이타적 삶은 나와 남의 인생을 유익하게 만들어나갈 것입니다.

마음을 알고 어떻게 활용하는가에 따라 인생은 변화해가며 달라집니다. 물이 높은 곳에서 낮은 곳으로 흐르듯이 마음은 밝은 곳에서 선한 곳으로 선한 곳에서 넓은 곳으로 흐릅니다. 마음과 뜻을 넓고 높게 만들면 만물과 세상의 이치도 나를 따릅니다. 내가 잘 되어 성공하는 것

은 다른 사람을 행복하게 하고 기쁘게 하는데 있지, 혼자만의 욕심으로
는 결국 공든 탑이 무너지는 현상을 초래하게 됩니다. 그래서 남에게
이익을 주면 그것이 나를 이익 되게 하는 것인 줄을 알아야 합니다.

　보시하면 나에게 돌아오는 것이 마음의 이치입니다. 배려와 인내심
이 결국 나를 성장시켜주는 것이죠! 이렇게 마음과 뜻을 높고 크게 쓰
면 영웅과 성인이 되는 것입니다. 이런 마음은 온갖 복덕과 공덕이 달
라붙어서 크고 밝은 마음을 쓰는 곳과 행동하는 장소에는 만 중생이 모
여들고 만 중생을 먹여 살리며 행복과 평화가 꽃 피어서 인간 그대로
빛과 소금이 되는 세상이 펼쳐집니다. 세상은 그냥 만들어지는 것이 아
니라 어떻게 마음을 쓰느냐에 따라 원하는 세상이 건설되어 지는 것입
니다.

　마음은 텅 비어 있습니다. 이 텅 빈 공에서 만물이 소생하듯이 세상과
우주는 무(無)에서 유(有)를 일궈냅니다. 텅 빈 허공은 아무 것도 없는
것으로 보이지만 실은 무수한 입자와 티끌 먼지들이 조건에 의해 움직
이고 있습니다. 이런 입자와 먼지들이 시간과 공간을 의탁하고 인연과
연기의 법칙에 의해 변화하고 진화해서 별과 행성 그리고 은하들이 만
들어지는 것입니다. 그래서 무는 유의 바탕이고 유는 무의 구성원들입
니다. 이 구성원들의 으뜸은 제법실상(諸法實相)이며, 제법실상은 무
와 유를 이어주는 매개체입니다.

　아주 먼 우주의 시발점은 우주라는 이름도 없었고 공간과 시간의 개
념이 없는 시절이 있었습니다. 무도 없고 유도 없는 곳에서 우주는 탄

생한 것입니다. 우주의 생성과정을 보면 단연 빅뱅우주론(Big bang universe)입니다. 빅뱅우주론은 4반 세기 정도 계속 지지를 받아온 대표적인 우주론입니다.

우주탄생 이전 아무 것도 없는 절대공간인 무(無)에서 어디선가 한 점의 원형적 잠재력을 지닌 빛이 나타납니다. 원형적인 빛은 스스로 커지고 작아지며, 밝았다 어두워지면서 한순간에 대폭발을 하면서 모든 물질과 차원 그리고 공간과 시간을 배출합니다. 대폭발을 통하여 뜨거웠던 우주는 공간이 팽창하면서 점점 식어지고 시간은 팽창을 통하여 물질과 차원 그리고 에너지를 공간속으로 스며들게 해서 서로를 구분지을 수 없게 됩니다. 물질과 차원 그리고 에너지는 팽창하는 우주 공간 속에서 서로를 방해하지 않고 비밀리에 우주를 생성변화 발전시키고 있습니다.

한 점의 원형이란 제법실상이라 할 수 있습니다. 또 제법실상은 마음의 근원입니다. 마음은 우주 탄생 이전에도 있었고 미래세가 다해서 우주가 흔적도 없이 없어져도 마음은 없어지지 않습니다. 제법실상은 마음과 우주를 연결시켜 주는 진여(眞如)이고, 무에서 유를 이끌어내는 주체자입니다. 그래서 아무것도 없는 텅 빈 마음에서 만물이 소생하는 것이며, 만물이 소생하는 곳에는 마음의 분신들이 만들어지는 것입니다. 이것을 일러 진공과 묘유로 이르기도 하고, 밝음과 어두움을 이야기하며, 무와 유로 표현을 하기도 합니다. 서로 반대되는 상황이지만 실은 하나의 일심에서 나오는 결과물입니다.

절대공간에서 대폭발을 통하여 우주가 만들어졌듯이 마음은 진공에서 폭발하는 큰 깨달음의 출발점이, 이전의 모든 생각과 의식을 녹여 내버리고, 진공 속에서 새로운 생각과 의식이 이루어집니다. 마음을 진화시키고 발전시키는 대업(大業)입니다. 이것은 자각(自覺)입니다. 자각과 지각(智覺)이 올바르게 서있지 않고서는 우주를 내다볼 수 없습니다.

마음은 우주를 태동하는 근본입니다. 마음이 우주이고 우주가 마음입니다. 그래서 우리는 마음을 통하지 않고서는 우주를 알고 바라보지 못하는 것입니다.

한 스님의 게송을 음미해 보도록 하겠습니다.

"관음의 묘한 지혜의 힘을 생각하니 가슴이 벅차와 숨이 멎었네.

벅찬 가슴을 달래며 방을 뛰쳐나와 마당에 발을 디디는 순간

허공과 광활한 우주가 텅 비어 자취가 사라졌네.

허공과 우주는 보이지 않는 거대한 투명한 관을 통해

뒤엉켜 한 몸이 되니

나의 두 눈엔 눈물이 비 오듯이 흐르네!"

이 게송은 허공과 우주와 마음이 하나로 통하고 하나로 합쳐진 견처(見處)에서 깨닫고, 순간 깨닫는 마음에서 오는 대환희(大歡喜)의 감동을 관음 묘지력으로 묘사한 것입니다.

허공은 우주와 마음을 깨닫고 서로를 이어주는 실체가 없는 존재입니다. 허공에서 붓다가 출현하시고, 허공은 그대로 진여법신이며, 절대 공이고, 허공의 은신처는 마음입니다. 허공이 진공묘유의 인연을 만나면 우주가 태동하면서 수 없는 물질을 만들어냅니다. 그래서 우주의 구성원들(별, 은하, 물질, 우주, 홀, 생물, 빛, 공간, 시간, 성운, 미립자 등)이 셀 수 없을 정도로 무수히 많은 것입니다. 우리 사람들의 근본도 허공이고 우주이며, 마음에서 태어난 것입니다.

마음의 주인공인 사람이 도리어 마음에서 태어났다는 것은 무슨 말일까?

우리들이 태어나면서 마음을 가졌다고 생각하지만 사실은 마음 안에서 살아 숨 쉬는 생명인연의 끈을 이어받고 태어난 것입니다. 공기는 우리들을 위해 존재하는 것이 아니라 우리들이 생명을 유지하기 위해 공기를 흡입하는 것입니다. 우주로 시야를 돌릴 때 우주 구성원들과 같이 사람들도 마음이란 주인의 배려로 인연 화합의 물질로 이루어졌습니다. 실로 지수화풍(地水火風)의 사대요소로 이루어진 사람들은 마음을 매개체로 하여 서로 이어진 우주와 허공의 깊은 존재를 알고 우리의 본래 모습을 알고 회복하는 것은 무엇보다 중요한 일입니다.

마음은 우주와 허공을 관장합니다. 그래서 마음을 깨달으면 우주도 움직일 수 있습니다. 우리의 몸도 마음이 주인입니다. 육체는 마음이 이끄는 대로 움직이며, 생각은 마음이 하는 인지 작용입니다. 뇌 과학에서는 뇌가 마음을 움직인다고 하고, 마음이 뇌로부터 나왔다고 합니다. 우주와 허공을 관장하는 마음이 뇌에 조정 되겠습니까? 높은 곳에서 아래를 바라보면 시야가 넓고, 넓은 마음은 온 세상을 품을 수 있으며, 깊은 동굴에서는 아직 밝혀지지 않는 비밀이 숨어있는 것입니다. 뇌는 단지 마음이 편리하게 만들어낸 진화의 걸작입니다. 마음의 분신입니다. 마음수행을 하면 지혜가 계발되고, 뇌질환과 정신적 질환이 사라집니다. 뇌질환과 정신적 질환이 사라진다는 것은 뇌가 건강하게 되살아난다는 증거입니다. 뇌가 건강하게 되살아나면 그만큼 육체도 건강해집니다. 그밖에 창조적인 아이디어가 끝없이 이어져 나오기도 하고, 회사나 사회 국가를 이끌어가는 강하고 부드러운 리더십, 이상적인 리더십이 마음수행에서 나옵니다.

커넥톰(Connectome)은 뇌 속에 있는 신경 세포들의 연결을 종합적으로 표현한 뇌지도입니다. 뇌의 연결회로도, 뇌의 지도라 할 수 있습니다. 좀 더 넓은 의미로의 커넥톰은 단순히 뇌 안에 있는 1,000억 개에 이르는 신경세포만 가리키는 것이 아니라 우리 몸에 넓게 분포되어있는 신경세포들간의 종합연결망을 가리키는 것입니다. 즉 뇌와 몸의 인연선입니다.

수행을 통하여 깨닫거나 마음을 굳게 바꿔먹으면 사람이 달라진다고 합니다. 그 전에 잘못 살아왔던 인생이 마음의 중요한 변화를 겪으면서 인생 향로가 바뀌는 것입니다. 긍정적이며 고요하고 좋은 관점이나 생각들이 뇌와 몸의 회로(커넥톰)를 깨끗하고 건강하게 바꾸고 성장하면서 악 영향을 끼치는 변이세포들의 생성을 막는 것입니다.

신령스럽게 강화된 커넥톰은 사람의 성격도 좋은 곳으로 변화시키고, 인격형성에 크나큰 영향을 미치는 것이 마음이고 수행입니다. 마음과 수행을 통해 사람은 끝없이 변화할 수 있는 존재입니다. 이렇게 신경세포 인연도 변하면서 인생 목표의 지도도 역시 바뀌는 것입니다. 그러나 마음이 바뀌지 않는다면 우리의 뇌도 바뀌지 않으며 인생 역시 원하는 그것으로 바뀌지 않습니다.

성공이란 마음을 쓸 줄 아는 사람입니다. 다른 곳으로 흘러가는 생각을 다독거리고 위로해서 마음을 절제할 줄 알아야 합니다. 많은 것을 내려놓고 원하는 분야에 끊임없이 노력하고 참아내며 다른 사람에게 원성이나 미움을 사더라도 마음이 동요되지 않고 그 욕하는 사람을 원망하지 않고 위로할 수 있다면 얼마의 시간과 공간이 지나간 후 많은 성과물이 다가올 것입니다. 그래서 크게 자수 성공한 사람들은 매사에 적극적이고 활달하고 호탕합니다. 뜻이 있으며 자신의 마음을 잘 쓰고 절제하며 다룰 수 있기에 성격이 모나지 않습니다.

『화엄경』의 야마천궁게찬품(夜摩天宮偈讚品)에 나오는 사구의 게송입니다.

心如工畫師 能畫諸世間
심여공화사 능화제세간
五蘊實從生 無法而不造
오온실종생 무법이부조

마음은 그림을 그리는 화가와 같아서

능히 모든 세상일을 다 그려내고

오온(五蘊: 육체와 정신)도 다 마음으로부터 나온 것이며

마음은 무엇도 만들지 않는 것이 없다.

　마음은 그려내지 못하는 것이 없습니다. 너와 나의 행복한 모습, 산하 대지의 아름다운 모습을 바라보며 미소를 짓습니다. 반면 순식간에 아름다운 모습을 지워버리고 큰 화를 내며 시기 질투에 둘러싸인 나를 그려내며 괴로워하고 있습니다. 신비하고 황홀한 우주를 그려내고 밝은 미래를 그려내어 그것이 현실로 다가옵니다.

　마음이라는 천연색색과 크기에 구별이 없는 도화지에 그림을 그리는 것은 오직 자신뿐입니다. 수만 가지의 색상이 나오는 생각이라는 물감으로 천사도 그리고, 악마도 그리고, 붓다도 그리고, 인생도 그려내며, 과거 현재 미래를 만들어 씁니다. 아이디어를 내어 필요한 물건을 그려서 일상생활에 적용을 합니다. 창조적인 영감을 그려내어 사람들에게 감동을 줍니다. 어느 날 마음속에 그려져 있는 숨은 진리를 찾아내어 보니 만 성인들이 똑같이 지니고 있는 명화였던 사실에 터질 것 같은 마음을 모읍니다.

　마음의 걸작은 생명의 기운을 불어넣은 사실입니다. 자신의 분신인 우주를 똑같이 스캔 해서 우주가 시간 속에서 변화를 거쳐 진화를 가져온 것처럼 지구 행성이나 다른 별에서도 세포들과 미립자의 끊임없는

변화를 통해 진화시켜서 수많은 생명체를 만들어 내고, 그 생명체 안에 우주와 똑같은 법칙과 모양을 만들어 놓습니다.

인간은 천지와 우주의 축소판입니다. 인간과 만물에서 우주가 보입니다. 예로부터 동양에서 인간을 소우주라 불러왔던 것은 인간의 몸에서 천지와 우주가 보였기 때문일 것입니다.

인간의 머리가 둥근 것은 행성이나 우주가 둥글기 때문이고, 계속해서 변화하고 진화하기 위함이며, 하늘에 해와 달이 있듯이 인간은 양쪽 두 눈의 밝음으로 인생에 불을 밝히면서 살아가는 것입니다. 몸 안에 있는 뼈는 산맥을 의미하고, 산맥을 형성하면서 중요한 부위에는 구멍이 뚫려있어 기혈(氣血)을 가리키며, 몸 안의 기(氣)와 혈(血)은 해와 달의 작용에 의해 영향을 받고, 살과 털은 땅과 나무와 그리고 풀이 되어지고, 몸속에서 흐르는 피는 지구의 강과 바다를 의미하며, 핏줄은 오대양 육대주를 옮겨놓은 오장육부를 연결시키면서 심장으로 귀결시켜 줍니다. 몸 안에는 우리가 아직 알지 못하는 수많은 세포가 움직이고 에너지가 흐르고 있듯이 우주에도 알지 못하는 암흑물질과 빛들이 고요하면서도 요동치며 달리고 있습니다.

마음은 이렇듯 만물을 만들어 내고 고요히 관장하지만은 결코 자신의 모습만은 쉽사리 드러내 놓지 않습니다. 단지 마음에 그림을 그려주면 인과를 남길 뿐입니다. 인류를 위해 아름답게 그림을 그리면 아름다운 에너지로 보답을 받습니다. 이타행(利他行)의 실천을 생각하며 그림을 그려놓으면 복과 덕으로 보답을 받습니다. 꾸밈없는 사랑과 자비의 그림을 완성한다면 마음에 사랑과 자비가 이루어집니다. 반면에 악(惡)을 그려 넣으면 자신은 악마가 되는 것이지요!

　마음은 이런 힘을 가지고 있습니다. 원하는 것을 모두 이루게 하는 원성심(願成心)을 가지고 있지만 그림을 그리는 주체는 본인이고, 그 그림에 대한 책임도 져야 합니다. 그러나 대부분 자신의 마음에 무슨 그림을 그려나가는 지 잘 모를 때가 많습니다. 혹 알고도 외면하는 경향이 강합니다. 마음에 그리는 그림은 액자가 되어서 우주에 보관되어 집니다. 자신이 그려나가는 마음 그림을 알아차리는 것이 바로 수행입니다. 알아차려서 그림의 완성을 이루어내고 장식하는 것이 수행입니다.

　그림을 그리면 무엇이든지 만들어내는 마음. 우리는 마음의 그림을 정확하고 분명하게 그려내야 합니다. 그림의 선이 약하고 흐릿하며, 끊어지는 부분이 많아 제대로 그림을 그리지 못하면 마음에 장애가 생기는 것이고 인생에 어려움이 따르는 것입니다. 수행도 분명하고 또렷하게 해야지 심불(心佛)이 밝게 드러나 깨닫듯이 마음에 그리는 그림도 분명하고 또렷해야 그대로 이루어지는 것입니다.

若人知心行 普造諸世間

약인지심행 보조제세간

是人則見佛 了佛眞實性

시인즉견불 요불진실성

만약 어떤 사람이 마음이

모든 세간을 만들어내는 줄을 알면

이 사람은 곧 부처님을 볼 수 있으며

부처님의 진실한 성품을 깨닫는 것이다.

마음에서 눈을 뜨면 이 세간은 모두 마음이 만들어진 세상임을 알 것입니다. 마음이 열리면 눈앞의 부처님을 볼 수 있습니다. 부처님은 나의 마음을 떠나서 멀리 있는 것이 아니라 나의 마음이 부처님이고, 세상사 모두가 부처님의 심행(心行)입니다.

마음을 회복하는 일은 부처님을 찾아나서는 것이 아니라 부처님이 스스로 우리에게 다가오는 것을 알아야 합니다. 부처님은 특별한 곳에 계시는 것이 아니라 우리가 부처님을 멀리하기 때문에 부처를 모르는 것이요, 수행을 통해 마음을 회복하여 자성불을 친견하면 이미 그 자리에 있던 것이 밝게 드러나는 것입니다. 이것이 바로 부처님의 자비와 지혜가 가득한 진실한 성품을 깨닫는 것입니다.

시거드 올슨의 저서 『경청의 자리』에서 이런 말을 합니다.

"나는 그곳을 '경청의 자리'라고 부른다. 그곳은 오로지 듣기 위해 가는 곳이기 때문이다. 잠자던 의식을 깨워 조용히 앉아 있으면 모든 것을 볼 수 있고 모든 것을 들을 수 있는 곳이다. 사람이라면 누구나 어딘가에 이런 경청의 자리를 갖고 있다."

우리 모두에게 경청의 자리는 열려있습니다. 잡념에 빠지지 않고 고요함을 유지한다면 내면에서 눈을 떠 우주를 들여다 볼 수 있으며, 만물의 근원인 마음을 깨달을 수 있는 것입니다. 우주와 만물의 근원인 마음의 중심점을.

지혜

불교에서는 자비와 더불어 지혜를 갖추는 것을 양족존(兩足尊)이라고 합니다. 양족존은 붓다를 이르는 말이기도 하는데요. 즉 지혜와 자비를 모두 만족시키고 완성한 가장 높고 존귀한 분이라는 뜻입니다. 양족은 계와 정, 자비와 지혜, 복과 공덕, 대원과 수행의 양쪽이 원만히 갖추어져 있는 것을 말합니다. 이것을 수레의 두 바퀴에 비유를 들어서 어느 한쪽이 이루어지지 않으면 수레가 움직이기 어렵고, 양쪽 날개에 비유를 해서 어느 한쪽이 없거나 너무 작으면 멋진 비상이 이루어지지 않는다고 합니다.

지혜(智慧)는 불법 문중에서 제일로 치는 마음 작용입니다. 진리나 사물의 근원적 속성과 모습을 꿰뚫어 깨닫는 것입니다. 육안으로는 분간할 수 없는 이치와 그 밖의 투영된 상(相) 아닌 상(相)으로서 성품

(性品)을 보는 것입니다.

수행자가 열심히 수행해서 얻으려는 것은 지혜의 눈인 혜안(慧眼)입니다. 지혜의 눈이 갖추어지면 도인이라는 칭호를 받습니다. 지혜는 수행자의 제일 덕목입니다. 관세음보살을 간절히 집중적으로 칭명하다 보면 마음이 가볍고 고요해지고, 고요해지면 맑아지고, 마음이 맑아서 청정해지며 그 청정 속에서 밝음이 함께 찾아오면 광명이 발하게 됩니다. 이 광명이 바로 지혜의 빛입니다.

지혜의 빛은 결국 자신의 마음에서 이루어진 자성관음(自性觀音)입니다. 마음의 불성인 자성을 보았다는 것은 견성(見性)이고, 견성은 깨달았다고 하는 것이며, 깨달으면 지혜가 생기고 혜안이 갖추어지는 것입니다. 혜안이 갖추어지면 우주천지와 내가 다르지 않은 한 뿌리에서 이루어졌고, 만물과 내가 한 몸임을 알게 되는 진실을 보는 공덕이 있습니다.

삼독(三毒)에 빠지지 않으며, 보되 지혜로 보고, 듣되 지혜로 듣고, 말하되 지혜로 말하며, 행하되 지혜로 행하는 촌철살인(寸鐵殺人)으로 마음대로 사람을 죽이고 살리는 자유자재한 삶을 살고, 숙세의 끈질긴 빚인 생사를 해탈하는 방법이 지혜에 있습니다.

지혜는 여러 분류로 나눠지지만 근본지(根本智)와 건혜(乾慧)로 나눌 수 있습니다. 근본지와 건혜는 지혜의 깊고 낮음을 뜻합니다. 근본지는 궁극적인 진리를 깨달은 지혜입니다. 진실한 모습을 밝게 아는 지혜입니다. 마음 안에 들어와서 깊은 곳에서 나오는 지혜입니다. 참다운 지혜라 하여 진지(眞智), 분별이 없는 지혜라 하여 무분별지(無分別智)라 부릅니다.

나중에 중생을 제도하기 위한 지혜인 후득지(後得智)를 생기게 하는 기본이 되므로 근본지라고 이릅니다.

근본지는 대원경지(大圓鏡智: 제8식 아뢰야식이 전환하여 진여본성이 드러난 청정한 지혜, 시공 속의 큰 거울에 만상이 드러나는 법신지혜)와 평등성지(平等性智: 제7 말나식이 전환하여 자타의 평등을 깨달아 대자비심을 일으키는 지혜, 일체법과 만상에 평등하게 대하고 자비심이 우선인 보신지혜)를 낳고, 후득지는 묘관찰지(妙觀察智: 제6의식을 전환하여 원하고 바라는 대로 자유자재로 작용하는 지혜, 중생의 근기에 따라 공덕과 복을 나타내서 훌륭하게 법을 설하는 화신지혜)와 성소작지(成所作智: 전5식이 전환해 이루는 무루의 지혜, 원력願力에 따라 중생을 관찰하며 근기에 따라 이익을 주는 응신지혜)를 성취합니다.

건혜(乾慧)는 말 그대로 마른 지혜입니다. 마음 안으로 들어오지 않아 지혜가 완전하지 못해 실다운 덕을 갖추지 못하여 지혜의 효용을 발휘하지 못하는 지혜입니다.

지하수를 끌어 쓰기 위해 우물을 파면 처음에는 장마 때 땅속으로 스며들었던 빗물이 잠시 솟아나서 괴는 샘물인 건수가 나옵니다. 건수는 식용수로는 부적합하여 허드렛물로 많이 사용합니다. 이 건수가 건혜와 비슷한 성격을 가졌습니다. 물은 물이지만 땅 밑에 고여 있고 식용하기가 어려워 맑고 좋은 물이 아닙니다.

건혜도 지혜는 지혜이지만 땅 밑에 고여 있는 물과 같이 겉마음에서

이루에 졌기에 지혜의 힘을 발휘하지 못합니다. 우물을 더욱 깊이 파 내려가면 땅 밑으로 깊이 스며든 물이 있는데 이 물은 암반층의 통로를 통하여 물줄기를 형성하고 흐르고 있습니다. 이 물줄기를 수맥이라 하며, 생수라고 합니다. 생수는 맑고 깨끗하여 식용수로 적합하고 미네랄 등 각종 영양분이 많아 만인들이 즐겨 찾고 있습니다.

근본지도 마음 깊숙한 지점에서 올라오는 맑고 깨끗한 지혜입니다. 맑고 깨끗하여서 어디에도 걸림이 없는 지혜와 만덕(萬德)을 구족하여 대자비심으로 세상에 유익한 에너지를 불어넣어 줍니다. 시원하여서 한 번 들이킴에 모든 번뇌 망상이 녹아내려 열반락이 깃들어 옵니다. 손오공이 신통한 힘과 재주로 하늘을 오가고 땅 밑으로 들어가 날뛰어 봤자 부처님의 손바닥이듯이 건혜는 근본지의 도량의 크기나 됨됨이, 마음의 스케일을 따라갈 수 없는 것입니다.

지혜는 깨어있는 공관(空觀)을 갖추는 것입니다. 마음으로 나(我)에 대한 바른 관념을 정립하는 것입니다. 육체와 생각은 진실이 아니라 언젠가 무너지는 깨달음으로 분석공(分析空)이 아닌 즉공(卽空)의 진여를 바로 보는 것입니다. 대 역경가 구마라집의 수제자인 승조법사는 『조론』을 지은 대 논사이며, 대승불교의 천재이기도 합니다. 황제의 등용을 거절하여 젊은 나이에 죽임을 당할 때 마지막으로 남긴 게송이 유명합니다.

四大元無主 五蘊本來空

사대원무주 오온본래공

將頭臨白刃 猶如斬春風

장두임백인 유여참춘풍

사대는 원래 주인이 없고

오온도 본래 빈 곳이라네.

서슬 퍼런 칼날이 머리를 내려치지만

마치 봄바람이 부는 거와 같구나.

　지혜에서 바라보는 공관은 모두가 함께 공해야 하는 개공(皆空)입니다. 수행자가 지혜와 자비를 갖춤은 수레의 양쪽 바퀴처럼 붓다의 이상적 능력을 상징하듯이 아공과 법공(法空)의 공관을 갖추면 마음이 지극한 적멸에 들어 열반과 해탈을 이루게 합니다. 법공이라 함은 나의 집착과 분별이 없어지면 아공(我空)의 견해가 섭니다. 그 아공에서 바르게 바라보는 정견(正見)이 서고 그 정견에서 법이 서는 것입니다. 사성제, 팔정도, 십이연기 등의 대법(大法)이 서는데 지혜의 입장에서는 이런 대법도 공하다는 것입니다. 법이 공하다는 공관이 서야 지혜가 완성되는 것입니다.

　이렇게 지혜는 고매하여 한 법도 세우지 못하는 것입니다. 지혜는 고매하기만 한 것이 아니라 고매하면서 만물을 이끌되 배려하고 이해하는 자비의 하심이 지혜의 본래 모습입니다. 어떠한 상을 갖다 붙이지 않고 자비스러움으로 하심하면서 묵묵히 만물을 이끌어 가고 드러내놓는 것이 지혜의 본질입니다. 지혜는 만물의 구성원이며, 자연에 계합하는 데에 있고, 만물을 머금은 마음 안에 지혜가 드러나 있는 것입니다.

지혜는 일심입니다. 일심에서 일해(一海)를 바라보고, 일해에서 일점(一點)을 찍는 것입니다. 일심은 한맛이지만 일해에서 만 가지 맛을 알 수 있고, 일점에서 만 가지 맛과 만상이 한 점으로 귀결됩니다. 그래서 지혜는 일심의 개공과 일해의 묘유를 아우르며 일점의 진공묘유를 꿰뚫어 봅니다.

결핍을 가능성으로 바꾸는 일도 지혜입니다. 지혜의 다른 말은 구족(具足)입니다. 구족은 많은 것을 가지고 있는 것입니다. 그래서 지혜에는 모든 것이 갖추어져 있습니다. 슬기롭게 삶을 사는 생활의 지혜에서부터 기쁨과 행복의 주체자인 안심(安心)을 이루는 마음의 지혜까지 지혜의 활용은 광범위하게 얽어져 있습니다. 지혜의 소프트웨어를 이끌어 쓰는 자는 바로 지혜를 계발하는 자입니다. 지혜를 계발한다는 것은 마음을 닦고 고요히 사유(思惟)하는 것입니다. 사유는 바로 구체적 수행입니다. 지혜를 계발하는 자는 끊임없이 노력해야 합니다. 노력 속에서 열정의 공간이 피어나와야 합니다. 열정과 공간에서 우리는 인류에 빛날 지혜의 산물을 안겨줄 수 있습니다. 그래서 지혜는 노력과 공간 속에 스며든 보석 같은 존재입니다.

아이작 뉴턴(Isaac Newton)은 영국 출신의 물리학자이자 천문학자 수학자입니다. 17세기 과학혁명의 상징적인 인물이죠. 광학과 역학 그리고 수학 분야에서 뛰어난 업적을 남겼습니다. 그가 이렇게 수많은 업적을 남긴 것은 고통을 감수하며 노력하였기 때문입니다. 밤잠을 줄이고 밥 먹는 것을 잃어버리며 씻고 깎는 일상생활을 온통 연구의 열정에 몰두하였기에 만유인력의 법칙을 세상에 내놓았던 것입니다.

영국의 시인 윌리엄 블레이크는 말합니다. 대개 행복하게 지내는 사람은 노력가라고요. 게으름뱅이가 행복하게 사는 것을 보았습니까? 노력의 결과로써 얻는 기쁨 없이는 누구도 참된 행복을 누릴 수 없습니다. 수확의 기쁨은 그 흘린 땀과 눈물에 정비례하는 것입니다.

세계적인 글, 세계적인 언어의 한글이 만들어졌던 일화를 소개해 드리겠습니다.

세종대왕이 한글을 창제하기 전 어느 추운 겨울 밤. 자정이 넘은 시각에 집현전 숙직실에 등불이 켜 있는 것을 본 세종대왕은 내관에게 조용히 살피고 오라고 명하였습니다. 내관이 숙직실을 가만히 들여다보니 신숙주가 열심히 책을 읽고 있었습니다.

"전하, 집현전 학사인 신숙주가 책을 보고 있사옵니다."

세종은 신숙주가 언제까지 공부를 하는지 끝까지 보고 오라고 명하고 내관이 돌아올 때까지 잠자리에 들지 않고 기다리고 있었습니다. 새벽을 알리는 닭 울음소리가 들려오고 내관이 돌아오자 세종은 입고

있던 초구(수달의 가죽으로 만든 두루마기)를 벗어 내관에게 주며 잠든 신숙주의 몸에 덮어 주라고 이르며 세종은 자신의 침실로 들어갔습니다.

아침에 눈을 뜬 신숙주는 임금님의 두루마기가 자기 몸에 덮여 있는 것을 보고 마음에 큰 감동을 받고 뭉클하여 뜨거운 눈물을 흘렸습니다.

어느 날 세종이 집현전의 학사들을 모아 놓고 평소에 생각하고 있던 포부를 꺼내 놓습니다.

"나에게는 예전부터 생각해오던 꿈이 하나 있소. 그 꿈을 이루기 위해서는 여러분의 도움이 필요하오." 학사들은 아무도 세종의 꿈에 대해 들어본 적이 없었기 때문에 모두 궁금하다는 얼굴로 서로를 쳐다보았습니다. "나는 이 나라의 임금으로서 백성들이 편하게 살아가게 할 의무가 있는 사람이오. 우리에게는 말은 있으나 글이 없어 백성들이 불편해 하고 있소. 자기 나라의 글이 없는 민족은 그 나라의 문화를 가꾸어 나갈 수 없다고 생각하오. 이번에 여러분들이 나를 도와 우리의 글을 만드는데 전념해 주셨으면 하오." 이 말을 들은 집현전의 모든 학사들은 세종이 백성을 사랑하고, 문화를 빛내고자 하는 투철한 염원에 놀랐습니다.

말을 마친 세종은 우리글을 만드는데 필요한, 사람의 여러 가지 입 모양과 글씨가 적혀있는 두루마리 종이를 꺼내 들었습니다.

"중국의 한자는 물건의 모양을 본 딴 글자이나, 우리의 글은 소리 나는 대로 적는 표음문자를 만들어야 한다고 생각하오. 이 입 모양을 여러 개 만들어, 이 모양을 본떠서 우리글의 기본을 정하면 어떨지... 오랫동안 고민하면서 생각하여 만든 것이오. 이 원칙에 따라 모든 것이 순서 있게 진행되면 좋을 듯하오."

세종의 이와 같은 끊임없는 신념 그리고 열정과 더불어 신숙주, 박팽년, 이개, 정인지, 성삼문, 최항, 이선로 등 여러 집현전 학사들의 기나긴 노력으로 마침내 세계에서 가장 뛰어나고 과학적인 한글이 만들어지게 된 것입니다.

지혜롭게 살아가야 합니다. 지난날의 잘못과 허물을 다시는 밟지 않도록 노력해야 합니다. 잘못과 허물을 버리지 못하고 있는 것은 지독한 세습입니다. 악순환의 왕복 열차에서 벗어나지 못하고 계속 되풀이 되고 있는 것입니다. 굳은 결심을 해야 합니다. 잘못이 있을 때에는 찾아서 과감히 고치려고 해야 합니다. 자신에게 냉정한 규칙을 적용해야 합니다. 일상생활에서 벌어진 상황을 읽거나 흐르는 기운을 판단하고 사유할 수 있는 힘을 기르는 것도 지혜로운 삶입니다.

꾸준한 노력은 말이 아니라 실천의 단어입니다. 그릇된 마음으로 향하는 자신을, 이기주의로 흐르는 전도된 생각을 죽이고 바른 길로 이끌어 나가야 합니다. 바른 길로 이끌어 나가는 일이 바로 수행입니다. 그 수행의 주체자는 나이고, 수행을 통해 깨달음을 얻고 바른 길로 나아가 만인의 이익과 복밭이 되는 대승보살의 삶을 꾸려나가는 일도 나에게 달려있습니다. 지혜로운 삶은 바로 나에게 달려있고 이루어진다는 것입니다.

우리들은 수행으로 지혜로운 삶을 살아가야 합니다. 무슨 삶이 바람직한지 우리들은 알고 있습니다. 바로 수행이 녹아있는 삶입니다. 그냥 수행만을 하는 것이 아니라 마음수행을 통해 자비심을 이끌어 내고 지혜를 이끌어내어서 이 세상을 보다 더 이익 되게, 행복하게, 평화롭게 변화시켜야 합니다. 아름답게 변화하는 삶이 바로 지혜의 삶입니다. 석존은 만고에 빛나는 자성불을 최초로 깨달은 뒤 여기에 멈추지 않고 세상에 나와 중생들을 교화시키면서 자성을 회복하게 하여 중생들에게 영원히 행복을 얻는 불법을 세상에 펼치셨습니다.

수행과 교화는 둘이 아니라 지혜와 자비처럼 수레의 두 바퀴, 새의 양쪽 날개와 같습니다. 수행하는 곳에서는 교화가 따라야 하고 교화를 펼치는 곳에서는 수행이 우선시 되어야 합니다. 수행하는 마음에는 바르고 큰 원력이 세워지고, 교화는 차별 없이 만 중생을 따뜻하고 친절한 마음으로 불법을 가르쳐 감동과 함께 깨달음으로 이끌어야 합니다. 불자들은 석존의 삶이 그렇듯이 우리들은 그를 따르면서 배워야 합니다.

자등명자귀의 법등명법귀의(自燈明自歸依 法燈明法歸依: 자신을 등불로 삼고 스스로를 귀의처로 삼아라. 진리를 등불로 삼고 진리를 귀의처로 삼아 다른 것을 귀의처로 삼지 말라)는 석존이 열반에 들기 전에 제자들에게 마지막으로 가르친 열반송입니다. 이 열반송은 노쇠한 석존이 제자들과 중생을 생각하는 자비심에서 우러나온 혁혁한 지혜의 보고이며 만고에 꺼지지 않는 최상의 지혜 광명이 온 우주와 만천하를 비춰도 조금도 모자라거나 쇠약하지 않습니다. 그가 진리보다 자신에게 더욱 중점을 둔 것은 수행하는 삶을 통해서 무상한 세상을 뒤로하고 마음 안의 자성불을 깨달아 붓다가 되는 것이 진리보다 우선이고 또 인간 내면의 무한한 능력을 내다보시고 하시는 붓다의 마지막 유훈인 것입니다.

지혜는 자칫 차갑고 냉정하여 따스한 인정이 없는 것이라 느껴집니다. 그러나 지혜의 속성은 그렇지 않습니다. 지혜는 차가움과 따뜻함을 같이 가지고 있고, 냉정과 정열을 함께 나누고 있으며, 따스한 인정 너머에 냉철한 이성이 도사리고 있습니다. 우리들이 가위, 바위, 보를 하듯이 그 상황에 따라 지혜를 쓰는 것이지 지혜는 따로 어느 한 작용에 머물러 있지 않습니다.

중요한 일은 지혜를 내 것으로 만드는 일입니다.

"그릇에 담긴 물을 다른 그릇으로 옮기는 일은 아주 쉽다. 지혜라는 것도 그릇에 담긴 물처럼 많이 지니고 있는 사람이 적게 지닌 사람에게 쉽사리 나눠줄 수 있는 것이라면 얼마나 좋을까! 하지만 애석하게도 지혜의 속성은 그렇지 않다. 다른 사람의 지혜를 받아들이기 위해서는 무엇보다도 자기 자신의 노력이 수반되어야 한다." (톨스토이)

지혜를 얻음은 급하게 서두르는 일이 아닙니다. 조급증과 불안과 헐떡거림을 떨어버리고 열정적으로 지혜를 이루는데 노력과 정열을 쏟아 부어야 합니다. 촌음을 아껴야 합니다. 하는 만큼 나의 영역이 되는 것입니다. 지혜는 해가 갈수록 더욱 빛을 말합니다. 축적되고 숙성된 푸

르른 밝은 지혜가 세월의 약을 받아 더욱 빛나는 것입니다. 덜 익은 과일은 제 맛이 아닌 풋내가 나듯이 지혜도 완전히 익어 숙성된 지혜가 올바른 역할을 합니다. 그래서 수행을 잘하는 스님네의 노년은 한가롭고 더욱 빛이 나는 것입니다.

지혜를 발현하는 데는 마음을 밝히는 일에 앞설 것이 없습니다. 탁한 심성을 맑히면 맑아지고 심성이 깨끗하면 밝음이 찾아오고 맑음과 밝음에 신령스러운 바람이 일어 맑음과 밝음조차 사라지면 청명한 허공에 태양이 뜨고 일체에 걸림이 없는 지혜가 보이는 것입니다.

공의 진화

우리가 옛날에 바라보았던 별과 지금 시점에서 바라본 별의 거리는 다릅니다. 우리들이 느끼지 못하는 사이 우주는 점점 멀어져 가고 있습니다. 왜 서로의 거리가 멀어지는 걸까요? 별과 별사이, 행성과 행성의 사이, 우주와 우주의 거리가 점점 멀어져 먼 미래에는 우리가 시야로 내다보는 우주에는 까만 허공만 보일 뿐 별이 안 보일 수 있습니다.

이것은 우주가 팽창하고 있기 때문입니다. 팽창하니까 우주 공간이 점점 멀어져 물체간의 사이가 멀어져야 하는데요. 실은 팽창을 한다고 해서 우주공간이 멀어지는 것이 아니라 우주 안 물질간의 거리가 멀어진다고 합니다. 구슬치기에 비유하자면 운동장은 우주 공간 자체이고 구슬이 맞부딪쳐 서로의 거리가 멀어지는 것과 같은 이치입니다.

우주는 정말 거대하고 광활하며 신비합니다. 밤하늘에 반짝이는 별

빛을 바라보는 것도 그 빛이 순간의 빛이 아니라 수백만 년 혹은 수십억 년 전의 모습이라고 합니다. 까마득한 옛날에 방출된 빛이 이제야 우리들의 눈에 들어오는 것입니다. 우주는 거대하고 광활한 당신들의 몸체인 허공에서 벌어지는 별을 만들어내고 사라지며, 새로운 우주가 만들어 지고, 수많은 홀에서 전혀 다른 차원의 시간과 공간이 왕래하며, 우리들이 모르는 암흑 물질과 암흑 에너지들이 신비로운 공간을 누비는 일들은 무엇일까요.

우주는 놀랍고 신비스러운 일들을 왜 우리들에게 보여주고, 우리는 그것을 보며 무슨 생각을 할까요. 이런 일들을 바라보는 우리들에게는 무슨 일들이 일어날까요.

형이상학적인 물음에 석존께서는 독화살의 비유를 들어 답변을 하지 않았습니다.

"한 비구의 물음인 세계는 영원한 것인가? 아니면 무상한 것인가? 또 세계의 끝이 있는가? 아니면 없는가? 영혼과 육체는 같은가? 아니면 다른가? 또는 사람이 죽으면 계속 존재하는가? 아니면 존재하지 않는가?

이런 물음에 석존은 독화살에 맞은 사람이 먼저 해야 할 일은 독화살을 먼저 빼는 일이지 누가 쏘았고, 그 독은 무엇인지, 화살은 무슨 재질로 되어있는지 알기 전에는 치료를 받지 않는다면 그는 죽을 것이다. 나는 청정행을 가르치며 깨달음을 얻게 하는 것이다. 깨달음은 나의 가르침이다. 이러한 문제에 깊이 들어가는 것은 우리의 고원한 목표와 빗

나간 방향이고 청정한 삶을 사는 데 방해가 될 뿐이며, 명료한 마음 상태로 이끌지 않고 갈애의 소멸과 해방이라 불리는 지고의 평화를 이루는 데 장애가 되기 때문이다. 그런 이유로 나는 그대들에게 침묵하는 것이다."

전적으로 맞는 말씀입니다. 필자도 당시 상황이 되어있더라도 이런 방향으로 대답을 했을 것입니다. 석존은 당시 비구의 성품에 맞춰 대기설법을 하셨을 것입니다. 먼저 마음을 밝히는 것이 최우선이라 그리 말씀하셨을 것입니다. 그러나 지금 시대에는 석존이 생존하셨을 때와는 문화와 문명과 과학이 확연이 다릅니다. 세계는 빛(광)을 이용한 네트워크 시스템으로 하나로 묶여 내가 하는 일들과 사건 사고를 안방에 앉아 동시에 볼 수 있는 최첨단 시대에 살고 있는 것입니다.

오랜 옛날에는 병을 신의 저주로 알고 있었지만 지금은 의학이 발전하여서 병을 과학적으로 발견하고 치료하고 있는 실정입니다. 그리고 뇌 과학과 우주의 천문학이 최고조로 발전하여 붓다의 깨달음을 오늘의 우주과학에서 생생히 발견하고 드러내놓아, 깨달음과 우주의 현상이 다르지 않다는 것을 밝혀내었습니다. 티베트의 정신적 지도자인 달라이라마도 뇌와 마음과의 관계를 오랫동안 연구하고 토론해서 명상과 선(禪)의 수행을 통해 마음이 뇌에 영향을 주어 성격과 자질을 변화시킬 수 있다는 결과물을 내놓기도 하였습니다.

이렇게 세상은 마음과 뇌, 뇌와 깨달음 더 나아가 깨달음과 우주를 연구하고 그 연구물로 세상을 혁신적으로 발전하여 진화시켰던 것입니다. 그러기에 보다 더 과학적으로 불교를 접근해 볼 필요가 있다고 생각했습니다. 교화의 새로운 돌파구를 마련해 보고 싶었습니다. 과학과 우주의 지식을 장황하게 늘어놓는 것이 아니라 공과 붓다의 관계를 한번 알아보고자 이 번 단락을 마련해 봤습니다.

우주 공간에서는 실로 무수히 많은 일들이 벌어지고 있습니다. 알고 모르게 진행되는 일들이 이루 헤아릴 수 없을 정도로 많지요. 우주 공간은 빛들의 잔치입니다. 별들과 은하수가 발하는 빛 뿐만 아니라 우주 배경복사(宇宙背景輻射)라고 하는, 최초의 우주 대폭발 때 발생한 빛이 우리 눈에 보이지 않지만 우주 전역에 충만 되어 있다고 합니다.

이와 달리 아직 밝혀지지 않는 고차원의 빛들이 시간과 공간을 넘나들기도 하고 홀을 만들기도 하는 빛의 존재는 우리들의 의식이며 정신이 아닌가. 그 빛이 파동의 성질에서 적멸의 고차원적 성질로 바뀔 때 우리는 붓다라고 하지 않는가. 즉 의식과 정신이 청정해져서 고차원의 적멸의 경지에 이를 때 우리는 붓다의 마음을 알며, 붓다가 되는 것 아니겠습니까? 그러기에 우주가 놀랍고 신비스러운 일들을 우리들에게 보여주는 이유는, 놀랍고 신비스러운 일들이 남의 일이 아니라 내 마음의 일이며 내 마음의 세계에도 우주의 공간처럼 빛의 주인인 붓다 즉 붓다는 광명의 존재, 생명의 에너지가 아닐까라는 생각을 합니다.

우리는 우주 공간에 펼쳐진 빛들의 잔치를 과학적인 방법이나 육안으로 바라볼 때 이런 생각과 마음가짐을 가져야 합니다. 나의 내면과 우주의 공간이 다르지 않고, 신비스러운 환희심으로 나의 마음으로 돌이켜 비출 때 우리 정신과 마음은 한층 더 성숙되어 우주 공간과 나와 빛이 다르지 않음을 깨닫고 허공과 빛의 주인인 붓다가 되는 것입니다. 결국 공의 진화는 붓다의 탄생을 의미하는 것입니다.

『금강경』 제8 의법출생분(依法出生分)에 이르기를

一切諸佛 及諸佛 阿 多羅三 三菩提法 皆從此經出
일체제불 급제불 아뇩다라삼먁삼보리법 개종자경출
일체의 부처님과 모든 부처님의 아뇩다라삼먁삼보리(최상의 바르고 올바른 깨달음)**법이 모두 이 금강경에서 나왔다.**

금강경의 원래 이름은 『금강반야바라밀경』입니다. 반야바라밀 경전 중에 가장 많이 독송 되어지고 불법 문중에서 선별되어 강의하는 경전입니다. 금강과 같은 다이아몬드의 강하고 날카로운 지혜로 모든 번뇌 망상인 아집(我執)과 법집(法執)을 단번에 타파하고 최상의 올바른 깨달음을 얻는 법을 전하는 경전입니다.

일체의 모든 부처님과 부처님의 법이 이 경전에서 나왔다고 하니 불자로서 이 경전에 관심과 열의의 수행정진을 보이는 것은 당연하다고 하겠습니다. 금강경의 핵심은 역시 반야바라밀입니다. 반야바라밀은 지혜로써 부처님의 세계인 적멸로 들어가는 가르침입니다. 반야는 지혜를 가리키는 진공이며, 바라밀은 지혜를 실천하는 부처님의 세계 즉, 최상의 올바른 깨달음으로 가는 실천행동인 묘유입니다. 그래서 반야바라밀의 다른 이름은 진공묘유라 할 수 있습니다. 그렇다면 삼세제불이 출현한 금강경을 달리 표현하자면 진공묘유에서 일체의 모든 부처님이 출현했다고 볼 수 있습니다.

진공은 '있다, 없다'의 상반된 관계를 떠나고, 저차원과 고차원의 세계를 떠나서 만물을 아우르는 자비와 지혜의 결정체인 붓다를 내놓고 있습니다. 다시 한 번 생각하자면 공은 붓다를 출현시켜서 자신의 진화를 이루는 것입니다. 인류와 만물의 이익을 위해서 진공 속의 묘유를 성숙시켜서 시간과 공간을 뛰어넘는 붓다를 출현시켰던 것입니다.

우주의 허공은 자신 안의 모든 구성원들이 변화하고 진화하여서 일체가 모두 붓다가 되기만을 기원하면서 자비의 심정으로 침묵과 연기의 법칙으로 자신을 배제한 현실 상황을 만들어 나갔던 것입니다.

허공은 붓다를 배출하여 진화를 하지만 붓다의 탄생이 진화의 끝이 아닙니다. 결국 허공은 우리 모두를 붓다로 진화시키지만 허공의 역할은 여기에 머물러 있지 않습니다. 중생이 허공을 의지해 붓다가 되고, 중생이 된 붓다는 다시 허공으로 돌아가며, 허공(마음)과 붓다와 중생이 진화해서, 허공(마음)·붓다·중생이 아무런 자취가 없는 절대공으로 다시 들어가는 중도가 될 때까지 중생들은 생로병사를 통해 고난과 고통을 받을 것이고, 붓다는 적멸의 즐거움을 버리고 중생을 구제하러

올 것이며, 허공(마음)은 온갖 것을 받아들이고 줄 수 있는 일심을 유지해 갈 것입니다.

因緣所生法(인연소생법)

我說卽是空(아설즉시공)

亦爲是假名(역위시가명)

亦是中道意(역시중도의)

未曾有一法(미증유일법)

不從因緣生(부종인연생)

是故一切法(시고일체법)

無不是空者(무불시공자)

인연으로 생기는 법

나는 공이라 부른다.

이 또한 거짓 이름이며

이것이 중도의 뜻이다.

일찍이 한 법도 없으니

인연을 따라 생기지도 않는다.

이렇기 때문에 일체법은

공 아님이 없는 것이다.

－「중론송」－

제6부

관음분신의 탄생

관세음보살

관세음보살을 바로 직역하면 '곧바로 응하는 진리'입니다. 한 단어로 압축한다면 관음(觀音) 또는 광음(光音)입니다. 우리가 '아무개!' 하고 부르면 '예!' 하고 대답하듯이 관세음보살은 자신을 불러주는 자에게 자상하고 친절하게 대답하는 분입니다. 단지 우리가 모를 뿐, 관세음보살은 청정하고 밝은 마음의 소유자입니다. 죽은 깡통 심장이 아니라 살아있는 심장이 고동치는 순수한 감동의 보살이 관세음보살입니다.

일설에는 관세음보살이 여자라는 말도 있습니다. 중생을 위해 나투는 응화신이 대부분 여자였기에 여성이라는 사실이 다수를 차지하지만 관음진신은 성(性)의 구별을 두지 않습니다. 다만 여성은 남성처럼 거칠지 않고 섬세하고, 친절하고 자비스러운 부분, 자애로운 모성을 기대하고 사랑의 손길로 구원을 받으려는 중생들의 심리 표출이 여성으로 많이 화현하였고, 여성화를 시켜 비유를 든 것으로 보입니다. 관세음보살은 그 근기에 따라 응화신을 나툽니다.

수행자의 부족한 부분이 무엇인지에 따라 응화하여 보충하여 주거나 덜어줍니다. 관음경에 나타난 관세음보살은 32응신으로 중생을 교화하지만 실은 천백억 화신으로 나투어 중생을 교화하고 있습니다.

사납고 거친 성격을 가진 수행자가 관세음보살 칭명을 하면 친절하고 아름다운 여자로 화현하여서 나타나면, 그 수행자의 사납고 거친 성격은 친절하고 인자한 성격으로 변하고, 숫기가 없는 약한 이에게는 장군으로 나타나 그 사람으로 하여금 장군의 강한 기질을 채워주고, 아름다운 미소를 보여주면 그 사람은 최고의 미소를 가진 자가 되며, 형형할 수 없는 붓다의 눈을 보았다면 그 수행자는 불안(佛眼)을 이어받는 수행자가 되는 것입니다. 이익 되는 것은 보완하여주고 악업(惡業)은 덜어주는 것이 중생을 향한 관세음보살의 마음입니다. 관세음보살을 잘 나타내는 게송이 있어 소개를 합니다.

補陀山上琉璃界(보타산상유리계)

正法明王觀自在(정법명왕관자재)

影入三途利有情(영입삼도이유정)

形分六道曾無息(형분육도증무식)

보타산 위의 맑고 밝은 유리세계에
정법명왕이신 관세음보살이 머무시네.
그림자는 삼도에 들어가 중생을 이롭게 하며
모습은 육도에 나누어 일찍이 쉼이 없으시네.

관세음의 원명은 아발로끼떼스바라(Avalokiétsvara)입니다. 이 원문을 구마라집의 구역(舊譯)은 관세음(觀世音)으로 현장의 신역(新譯)은 관자재(觀自在)로 번역한 것입니다. 그의 주석처는 인도 남쪽 해안에 있는 보타락가산입니다. 그는 맑고 밝은 청정한 행을 실현하는 대표적인 양(陽)의 기운을 가지고 있습니다. 산모양은 팔각형이라 하고, 그 산에는 온갖 과실수들이 심어져있고, 아름다운 산새들이 미묘한 음성으로 노래한다 합니다. 그의 다른 명호는 중국 서진(西晉)시대에는 광세음보살(光世音菩薩)이라 하였으며, 세상을 구제하고 중생을 이익되게 하는 뜻에서 구세대비자(求世大悲者), 두려움을 없애주는 시무외자(施無畏者)입니다. 마음에 두려움이 없는 것이 바로 해탈이며, 관세음보살은 깨달음과 해탈로 이끄는 모든 이의 스승입니다.

게송에 정법명왕이란 명호는 『관음삼매경(觀音三昧經)』에 그 근거를 찾을 수 있습니다.

부처님께서 아난(阿難)에게 이르기를

"관세음은 나보다 먼저 부처가 되었으니 이름을 정법명왕여래(正法明王如

來)라 하였고, 나는 그 부처님의 제자로 수행하며 이 경을 수지 하였다."

　관세음보살은 이미 구원겁(久遠劫) 전에 성불하여 불호(佛號)를 정법명왕여래라 불리웁니다. 이것이 정법명왕관자재(正法明王觀自在)로 된 것입니다. 우리들이 관세음보살을 일반적인 보살로만 알고 있지만 그는 이미 성불해 마친 붓다입니다. 그러나 중생의 이익을 위하고 사랑하는 대자대비(大慈大悲)의 마음이 투철해 보살의 명호를 이어받고 있는 것입니다. 그에게는 붓다와 보살이라는 명호에 얽매이지 않고 항상 중생을 애달파 하는 마음이 깊지만 우리는 이율배반적으로 그를 생각하는 일이 적은 것 같습니다.

　'影入三途利有情(영입삼도이유정)'이라, 관세음보살은 영(影: 그림자)인 화신으로 삼도에 들어갑니다. 삼도는 삼악도(三惡道)의 줄인 말로 지옥·아귀·축생의 악업의 보를 받아 태어나는 중생 세계를 말합니다. 유정(有情)은 중생을 달리 부르는 말입니다. 삼도 중생의 이익을 위해 화현하고, 32상의 모습은 육도로 나뉘어 다니십니다.

　증무식(曾無息)은 일찍이 쉼이 없다는 말입니다. 관세음보살은 온몸과 마음이 천수천안(千手千眼)이 되어 중생들을 보살피시고 중생의 부름에 화신을 나투어 육도를 두루 다니시며 중생구제에 여념이 없으십니다. '수많은 중생들이 관세음보살을 부르는데, 관세음보살이 우리들의 부름에 어떻게 일일이 응할 수 있는가?' 하는 의구심을 갖는 분들도 있습니다. 이런 걱정을 하지 마시고 관세음보살은 32상 뿐만 아니라 천백억 화신이 있으며, 이것도 모자라면 당신의 몸과 마음을 팔아서라도, 복을 당겨쓰는 한이 있더라도 중생구제를 위하여 쉼 없이 다니실 것입니다. 그러므로 우리는 대자대비하신 관세음보살을 지극한 마음으로 예경해야 할 것입니다.

관음신앙은 AD 1세기경 남인도 지역에서 유행하였습니다. 그리고 중국으로 전해졌는데, 우리나라에는 삼국시대에 들어왔습니다. 관음신앙이 전래된 후 영험과 설화 그리고 가피를 입은 사례가 헤아릴 수 없이 많습니다. 의상대사의 관세음보살에게 올리는 「백화도량 발원문」을 통해 관음진신을 친견하였었던 것은 그중에 대표적인 사례입니다. 또 관세음보살에 대해서는 방대한 대승경전에 거의 들어있어 널리 알려져 있습니다. 주로 『반야심경』 『화엄경』 『능엄경』을 중심으로 전개됩니다. 특히 『법화경』의 「관세음보살보문품」은 따로 독립시켜 『관음경』이라 불리고 관세음보살이 수많은 중생을 이끌고 대자대비의 사섭법(四攝法)으로 중생을 교화하는 관음신앙과 관음수행의 독보적인 경전이라 할 수 있습니다.

관음신앙은 아시아 불교의 모체신앙이라 해도 지나친 과언은 아닙니다. 특히 한국, 티베트, 중국, 일본 등 북방불교에서 종파를 불문하고 통불교적인 색체를 띠며 더욱 발전해 왔습니다.

대승불교가 지향하는 중생구제와 자비의 실천, 수행완성의 길목에서 관음신앙과 관세음보살 일심칭명은 빠져서는 안 될 중요한 요소입니다. 우리들이 살고 있는 지금 이 시대에는 법(法)이 약하고 마(魔)가 강

한 시절입니다. 사람의 인성과 마음을 가볍게 여기고 무시하며 홀로 외면의 화려한 치장과 돈을 우선시하는 독고다이식 병폐가 강한 시대에는 하나의 길을 통해서 신앙과 수행이 잘 맞춰져 나가야 합니다. 이러한 면에서 관음신앙과 일심칭명의 수행은 뛰어난 신앙이며 우리들에게 알맞은 수행이 아닐 수 없습니다.

영명연수선사의 참선염불 사료간(參禪念佛 四料簡) 중에서 가장 뛰어난 수행법인, 참선 수행도 있고 염불 공덕도 있는 법 중에, 이 조건에 가장 알맞고 뛰어난 법이 관음염불과 관음선입니다. 이 수행법을 닦으면 많은 사람들의 스승이 되며 반드시 조사나 붓다가 될 것입니다.

자성관음의 발현은 관음염불의 최고봉입니다. 자성이 어두우면 중생이요 자성을 깨달으면 붓다입니다. 자성은 불성을 바로 알고 바로 보는 것입니다. 불성은 자기 마음 가운데 본래 성품이 붓다와 다르지 않다는 견해입니다. 불성은 바로 성품입니다. 공자의 성품은 온화하되 결코 우유부단하지 않았고, 위엄이 있으되 상대에게 공포감을 주지 않았으며, 공손하되 결코 아부하지 않았다고 합니다. 달마와 공자는 관음보살의 화신이라는 주장을 하기도 합니다. 성품이 바로 자성인 것입니다. 그래서 자성관음은 청정한 맑음과 뚜렷하게 비추는 밝음이 있으되 집착하지 않고, 만인의 주인공이면서 남을 존중하며 배려하고, 착하면서 중심이 잡혀있는 선함, 화기애애하고 자비스러우며 대장부의 위엄이 함께 깃들면서 교화와 수행에 우선을 두는, 나보다 남을, 남보다 우리를, 우리보다 하나를 생각하며 실천하는 것 등이 자성관음의 성품입니다.

자성관음이란 관세음보살 일심칭명으로 자신의 참 마음을 깨닫는 일입니다. 자기의 마음을 닦아 관음을 얻으려고 하는 것입니다. 자성관음의 수행은 언제부터 시작하였는지는 정확히 알 수는 없습니다. 다만 짐작할 수 있는 두 가지는 아미타불이나 관세음보살의 염불을 선종과 화엄종, 천태종 등에서 만법 유심(唯心)을 적용하여 자신의 마음을 닦아 청정한 자성인 붓다를 깨달으려고 했던 것으로 짐작할 수 있고, 다른 하나는 관음염불 수행자가 오랜 수행을 통해 깨달음을 얻어 자기의 마음과 관세음보살이 다름이 없는 자성관음을 주장했으리라 생각을 해 봅니다.

특히 초기 선종에서는 자성불에 대한 귀의(歸依)를 강조하여 줄곧 수행되어 왔습니다. 4조 도신대사와 그의 제자들도 자성불을 이끄는 염불선을 수행해왔음을 저서 「입도안심요방편법문」에서 알 수 있듯이, 초조 달마대사에서부터 육조 혜능대사에 이르기까지 모두 한결같이 자성인 진여불성(眞如佛性)에 귀의하여 자성불을 곧바로 내다보도록 하였습니다.

혜능대사는 『육조단경』에서 자성삼신불(自性三身佛, 청정법신불, 원만보신불, 천백억화신불)을 설법할 때 대중들에게 당신의 입을 따라 청정법신불(淸淨法身佛)에 귀의하고, 원만보신불(圓滿報身佛)에 귀의하며, 천백억화신불(千百億化身佛)에 귀의함을 삼창(三唱)함으로써 스스로 자성삼신불을 보게 했던 것입니다. 그리고 단경 안에서 수없이 자성을 강조한 것을 보면 수행자가 자성을 깨닫는 것이 얼마나 중요한

지를 알 수 있습니다.

자성은 불법수행의 최상의 경지입니다. 자기계발 중에서 가장 파워풀하여 인생의 종착역에서 열반락을 즐기며 행복하고 거룩한 마감을 하고, 철저하고 확실한 다음 생을 준비하는 명확한 길입니다.

자성관음은 최상의 붓다인 관세음에 귀의하며 관세음의 성품을 깨닫고 발현하여 관세음의 길을 걷는 수행입니다. 중생을 위한 붓다의 화신 또는 우리들 주위에 가깝게 스쳐간 사람들 중에 관세음보살의 화현이 많은 것은 자성을 깨달아 자신과 같이 자비를 실천하라는 관세음보살의 가르침입니다. 자비와 지혜가 인생에서 가장 의미 있고, 머슴이 아닌 위대한 주인공으로 살아가라는 생생한 가르침이라고 볼 수 있습니다. 주인공은 자성의 다른 단어입니다. 불가에서는 참된 마음을 주인공이라 부르죠! 우리들은 조연보다 주인공을 더 선호합니다. 나의 인생이 들러리가 아니라 사람들의 관심과 주목을 받고 싶어 하는 마음이 누구에게나 있습니다. 특히 나에게 일어난 일들에 대해서만큼은 중심에 서고 싶어 합니다. 사람들은 관심과 주목과 성공의 중심에 서기 위해 한평생을 달려가고 있는 것입니다.

'수처작주(隨處作主)'라, 늘 어디에 있더라도 주인이 되어야 합니다. 그러기 위해서는 자신을 절제하고 다룰 수 있어야 합니다. 정신과 생각을 남에게 팔려 다니지 말고 휘둘리지 말며 진실한 진리의 뚜렷한 주관이 서야 하는 것입니다. 또렷이 살아있으되 진리에 의해 행동하고 진실한 마음을 두려워하지 말아야 합니다. '입처개진(立處皆眞)'이라, 그래야 나와 내 주위가 더불어 참된 곳이 되는 것입니다.

자성관음은 불법의 깨달음만이 아닙니다. 인생의 목표와 전환점을 찾는 일도 인간관음이 해야 할 일입니다. 인생의 목표와 전환이야 말로 인생을 성숙시키고 마음에 감동을 이끌어내 인류의 행복과 밝은 빛을 주기 때문입니다. 인간관음은 관세음보살의 분신입니다. 자성관음이 드러난 관음진인(觀音眞人)의 향기가 사방에 퍼질 것입니다.

영화감독이자 작가인 노먼 코윈(Norman Corwin)이 82세의 노년에 쓴 「늙지않는 영혼」에서 그는 이렇게 말했습니다.

"지금 와서 생각해 보면 내게 가장 힘들었던 생일은 마흔 번째 생일이었던 것 같다. 그것은 하나의 커다란 상징이었다. 마흔은 청춘과 영영 이별하는 나이니까. 그 나이를 통과한다는 것은 마치 음속의 벽을 넘어서는 것과 같다.

아직 40세가 안된 사람들에게 삶의 목적이 무엇이냐고 물으면 대부분 몇 초 동안 침묵이 이어지다가 이런 식으로 대답하곤 한다.

'캘커타의 빈민들을 위해 헌신하고 싶습니다.'

'저는 환경문제를 해결하는 일에 뛰어들 겁니다.'

뭐가 이리도 거창한가? 마치 자신의 전 인생을 바쳐 추구할만한 과업쯤은 말해야 할 것처럼 생각한다. 하지만 자신이 어떤 재능을 가지고 있는지, 감동이나 즐거움을 주는 일은 무엇인지 물으면 대부분 어렵지 않게 대답한다.

사람들은 자신의 재능과 관심사가 바로 목적을 가리키는 지표라는 사실을 모르고 있다. 재능과 관심사, 이것이 바로 목적을 알려주는 나침반이다."

　나무 일심칭명 대성광명 중생교화 자성관음
　관세음보살 관세음보살 관세음보살……

관음진인(觀音眞人)

관음진인은 관음선 수행자를 일컫는 단어입니다. 즉 관세음보살 일심칭명을 통하여 자성관음을 완성시킨 수행자이지만 일반적으로 관음선을 수행하는 수행자의 총칭이기도 합니다. 관음선을 수행하겠다는 생각을 일으켜 관음문(觀音門) 안에 들어온 사람입니다. 이들은 차별과 자격조건이 없는 넓은 문인 관세음보살의 보문(普門)에 발을 들여놓았기 때문에 모두 관음진인이라 명명하는 것입니다.

관음진인은 큰 깨달음으로 수행의 법칙을 삼아야 합니다. 몸과 마음에서 맑음과 밝음이 우러러 나오는 빛과 소리를 이끌어 쓰는 관음의 후예가 되어야 합니다. 관세음보살 일심칭명을 통해 내면을 갈고 닦아야 맑고 밝아집니다. 거기에다 법의 여의주를 완성시켜야 합니다.

관음진인은 나와 법에 대한 어떠한 집착 없이 법을 써야 합니다. 아집과 법집을 여위였다는 생각까지 남김없이 내려놓습니다. 이런 살아있는 법으로 중생을 교화하고 자신을 이끌어 나가는 참사람이 되어야 합니다.

관세음보살을 끊임없이 칭명하며
돌이켜 나를 보니 내가 관세음보살일세.
마음이 생기면 모든 법이 만들어지고
마음이 없어지면 모든 법이 없어짐을
허공 속에 묻어두니
일(日)토끼 월(月)토끼가 춤을 추네.

나의 집착에서 벗어나니 내가 본래 관세음보살이라는 것을 깨닫고, '심생종종법생(心生種種法生) 심멸종종법멸(心滅種種法滅)'이라 마음이 생겨나면 온갖 법도 따라 생겨나고, 마음이 사라지면 온갖 법도 따라 사라진다는 『화엄경』의 핵심사상인 일체유심조(一切唯心造: 일체 모든 것은 마음이 만들어나간다)의 법까지 놓아버리니, 일월이 춤을 춘다. 즉 해와 달이 이글거리며 밝게 비춘다는 깨달음의 게송입니다.

어떤 굴레에도 얽매이지 말고 중생을 위한, 중생을 향한 이익과 법을 펼쳐야 합니다. 법을 펼칠 때 설사 우여곡절(迂餘曲折) 속에 죄를 짓는 결과를 초래하여도 그 죄는 죄의 업보가 아니라 돌이켜 중화되어서 법을 세우고 도업(道業)의 밑거름이 되고, 선업으로 전환되는 것입니다.

그렇다고 무애행을 일삼아 죄를 지으라는 것이 아니라 항상 깨어있어야 법의 검과, 자비의 법을 쓸 수 있다는 것입니다.

관음진인은 언행에도 신중하고 조심스러우며 품위가 있어야 합니다. 말을 신중히 하고 조심스럽다는 것은 현실에 가깝지 않을 수 있습니다. 사람들은 조금만 경계를 느슨히 하거나 시간을 오래 끌수록, 정제되고 걸리지 않는 그저 떠오르는 생각을 말하여 미움을 사는 경우가 있습니다.

예부터 말에는 말로써 천 냥 빚을 갚을 수 있고, 반대로 재앙을 불러들이는 화근이라고 하였습니다. 그래서 말을 할 때 세 번은 생각해서 말로 옮기라는 격언도 있습니다. 어떤 때는 자신의 생각하는 의지와 전혀 다르게 말이 나와 사람들을 당혹스럽게 만들기도 합니다. 언제 어디서든지 입단속이 중요합니다.

사람들을 대하는 생각이 바뀌면 말은 신중하고 조심스러워집니다. 대부분 나를 내세워 나보다 못하다는 자만심, 아랫 사람을 대한다는 생각이 강해지면 말은 품위가 떨어집니다. 성공을 했다고, 지위가 높다고 주위 사람과 친구들을 아래로 내려다보면 자연히 말의 격식은 떨어집니다. 말은 그 사람을 나타냅니다. 마음의 울림이 말입니다. 사람을 판단할 때 겉모습이나 지위와 재물로 저울질하지 말고 붓다처럼 존중하고 배려하는 마음이 앞선다면 말에 향기가 품어져 나옵니다.

옛날에 염불을 많이 하는 사람을 향인(香人)이라 부른 이유는 말이 나오는 입에서 붓다의 명호를 되뇌기 때문에 향기가 늘 흘러나왔다고 합니다. 그래서 말은 몸에 병을 불러오기도 하고 낫게도 하는 명약입니다. 인생의 성패를 확인할 수 있는 척도가 언행에 달려있습니다. 마음이 안정되면 말이 무겁고 조용해집니다. 그래서 수행자의 언행은 가볍지 않습니다. 입을 단속하여 재앙을 불러들이는 도구로 활용하지 말고, 진리와 칭찬을 내뿜어 공덕과 복을 불러일으키는 용광로의 상자로 활용하시기 바랍니다.

관음진인은 나를 비난하여 업신여긴다고 하여도 동요하지 않고 자기의 길을 가야 합니다. 완성된 진리인 붓다도 이교도들에게 비난을 받았습니다. 붓다는 이런 말씀을 하였습니다.

"세상에 칭찬만을 받는 사람은 없다. 세상에 비난만을 받는 사람도 없다." 우리가 사는 사바세계는 수많은 종류의 중생들이 살고 있습니다. 마음과 생각이 제각각이라는 뜻이죠. 그래서 항상 칭찬만을 받을 수도 없고, 비난만을 받을 수 없는 것입니다. 칭찬과 비난을 받을 때도 마음에 동요 없이 자신을 지켜 나가는 것이 중요합니다.

한산(寒山)과 습득(拾得)은 당나라 때에 살았다고 전해지는 전설적인 고승입니다. 두 고승으로 인하여 세상에 수많은 선시와 일화를 남긴 분들로 유명합니다. 이 두 스님들은 풍간 선사라고 하는 도인과 함께 천태산 국청사에 살고 있었는데, 세상 사람들은 이들을 국청사에 숨어 사는 세 사람의 성자라는 뜻으로 **국청삼은(國淸三隱)**이라고 불렀답니다. 이 분들은 모두 불보살이었는데 바로 풍간 선사는 아미타불이요, 한산은 문수보살, 습득은 보현보살의 화현이라고 합니다.

한산이 습득에게 물었습니다.

"세상 사람들이 나를 비방하고 업신여기며, 욕하고 비웃고, 깔보고 천대하고, 미워하고 속이니 어떻게 대처하는 것이 좋겠습니까?"

습득이 말했습니다.

"참고 양보하고, 내버려두고 피하며, 견디고 공경하며 따지지 않으면 몇 해 후에는 그들이 그대를 다시 보게 되리라."

나를 업신여기고 비방하며 천대하는 자들에게 잘해주라는 말씀입니다. 그들에게 진심으로 보시하고 따뜻하게 맞이해주어야 합니다. 그들을 걱정해주고 행복을 축원해 주어야 합니다. 진실로 이와 같이 당하고 이처럼 행동과 마음을 써보지 않으면 이 말의 깊은 뜻을 모릅니다. 나를 업신여겼던 그들이 정말로 나를 다르게 보게 되고, 나를 이해하고, 나를 도와주는 정반대의 현실이 펼쳐집니다.

관음진인은 모든 생명을 사랑하고 공경해야 합니다. 생명의 애경(愛敬)은 불보살의 자비심입니다. 마음이 열리고 수행이 깊어지면 생명을 사랑으로 대하는 것은 자연적인 일입니다. 작은 곤충 미생물 하나에게까지 생명에 담긴 뜻이 있습니다. 고요히 그들을 바라보고 있으면, 그들 나름대로 자신의 생각과 마음으로 움직이고 행동하는 것 같습니다. 열심히 무엇을 할 때는 빛이 발산하여 자신의 존재를 알리는 것 같아요.

그들과 교감을 갖는 일은 정말 생명을 사랑하고 경애하는 것입니다. 그들은 사랑을 주면 사랑을 받아들이고 나에게도 사랑을 줍니다. 공경

히 대해주면 바라보는 눈빛이 확연히 다릅니다. 똑같은 마음에 걸친 옷만 다른 것입니다. 생명을 애경하는 일이 진실로 나를 사랑하는 법입니다. 생명을 함부로 학대하고 죽이는 자는 사랑을 할 줄 모르고 받을 줄 모르는 인면수심의 얼굴을 바꾸는 양면성이 강한 자입니다. 자기 생명의 존엄을 생각한다면 뭇 생명의 울음소리를 들을 수 있어야 합니다. 사랑하고 공경하지 못하더라도 고통을 가하여 죽이는 어리석음을 범하지 말아야 합니다.

1952년 노벨평화상 수상자인 슈바이처 박사는 자신의 저서 『물과 원시림 사이』에서 밝히기를 아프리카에 지원하여 의사로 있을 때, 어느 날 황혼 무렵 하마 몇 마리가 그들이 탄 배와 함께 열을 지어 강에서 놀고 있는 것을 보고는 생명의 사랑과 신성함을 깨닫고 생명을 경외하는 사상이 그의 마음속에서 솟아났다고 합니다.

스님들은 대부분 텔레비전 프로그램 '동물의 왕국'을 좋아합니다. 거기에는 세계의 동물과 식물, 바다의 생명들까지 꽉 찬 화면으로 파노라마를 펼칩니다. 어미의 고통에서 새 생명이 태어나는 경이로운 순간을 지켜볼 때는 생명의 소중함이 마음속까지 느껴지고, 약육강식에 의해 잡혀먹는 동물을 볼 때면 놀라움과 안쓰러운 마음에 눈물을 닦습니다. 어린 새끼들의 천방지축의 천진한 행동에 잠시나마 시름을 잊기도 합니다.

붓다는 제자들에게 꽃 한 송이, 풀 한 포기라도 함부로 밟고 다니지 말라고 가르쳤습니다. 지구는 인간만을 위한 장소가 아닙니다. 지구 안의 모든 생명은 소중하고 경이롭습니다. 우리들은 그들의 소중함을 모릅니다. 인간의 무분별한 행위로 그들이 자취를 감출 때 우리도 머지않아 이 지구에서 사라질 운명에 처해 있을 겁니다.

관음진인은 진실과 정성으로 삶을 살되 중생의 교화에 힘써야 합니다.

진실은 통하지 않는 곳이 없고 정성은 하늘도 감동시킵니다. 진실이 있으면 인간관계에 중심에 서고 생각만 하면 이루어진다고 하였습니다. 정성이 깃들면 계란으로 바위도 깨뜨릴 수 있는 신비한 에너지가 나옵니다. 진실과 정성만 있으면 만 가지 수행을 갖추는 것입니다. 기도와 불공이 기대에 미치지 못하는 것은 진실과 정성의 문제입니다. 진실과 정성은 우주의 근본 에너지입니다.

옛사람이 이르기를 지극한 정성이 있는 사람은 그 힘이 신과 같다고 하였고, 오직 천하의 정성이라야 능히 만인을 교화할 수 있다고 하였습니다. 진실과 정성을 일으키는 사람은 대인이며 대장부입니다. 소인은 진실과 정성을 이해하지 못하고 눈앞의 이익에만 정신을 쏟습니다. 그러나 소인은 대인이 되는 것을 바라지 않는 것은 아닙니다. 단지 대인의 넓고 너그러운 마음과 깊은 생각을 이해하지 못하는 것입니다. 그래서 소인은 스스로 자신의 마음과 행동으로 인해 삶이 좁아지고 사람들의 인정을 받지 못하는 것입니다.

진실과 정성이 깃드는 설법을 해야 합니다. 사람의 마음을 움직이는 일은 쉽지 않습니다. 대부분의 사람들은 마음을 닫고 보여주지 않으려고 하기 때문에 사람들의 마음에서 감동을 이끌어 내기는 어렵습니다.

감동을 주는 교화는 곧 바로 깨달음에 이르기까지 합니다. 붓다는 사람마다 진실과 정성을 들여 사람들에게 감동을 주고 깨달음을 얻어내는 방법을 썼습니다. 그래서 붓다는 진실을 말하는 자, 진리를 말하는 자, 속이는 말을 하지 않는 자, 다른 말을 하지 않는 자라고 『금강경』에서 밝히고 있습니다.

붓다의 교화방식은 감동의 교화입니다. 석가모니 부처님의 49년 동안 행하신 중생 교화는 감동을 주어 깨닫고 새롭게 태어나는 감각신생(感覺新生)의 교화를 펼치신 것입니다. 사람들의 마음을 이끌어내고 움직이는 힘은 감동입니다. 감동의 물결은 마음을 열고 사람을 진실로 대하고 정성껏 보살필 때 끊이지 않습니다.

잔잔한 감동 안에는 환희심의 눈물과 벅찬 심장 박동 소리가 들려옵니다. 진한 감동은 심장이 쿵하고 떨어지는 소리입니다. 그만큼 강력합니다. 인생을 살아가는 맛이 납니다. 짜릿한 전율이 온몸을 감싸 자신도 모르게 끌려가는 자석의 힘이 있습니다. 그래서 우리 불가에서도 진정성으로 감동을 주는 법문을 해야 합니다. 진실한 포교는 감동을 전하는 메시지입니다.

석가모니 부처님의 십대제자 중 '설법제일'이라 불리는 부루나존자는 감동의 설법, 감동의 교화로 수많은 사람을 불법으로 이끌었으며, 부처님도 감동시킨 열정적인 부루나존자의 교화 일화는 유명합니다.

부루나존자가 설법을 하면 수많은 사람들이 환희심을 느끼고 보리심을 일으킬 정도로 언변이 뛰어났다고 합니다. 처음엔 쓸쓸한 분위기도 두세 번만 설법을 하면 사람들이 훈훈한 기운이 맴돌았으며, 사람들이 마음이 평화로워지고 불법을 믿고 따르려는 신심이 생겼다고 합니다.

부처님께 귀의한 후 깨달음을 얻은 부루나는 출가제자가 아닌 신도들이 이해하기에 어려운 사성제(四聖諦)와 팔정도(八正道), 십이연기(十二緣起) 오온(五蘊), 무상(無常), 공(空)과 무아(無我) 등의 이치에 대하여 알아듣기 쉽게 설하여 많은 사람들이 불법에 귀의하게 했다고 합니다.

타고난 말솜씨를 지닌 부루나는 깊은 학문과 오랜 수행을 바탕으로 불법의 이치를 쉽고 논리정연하게 설하였고 그의 설법을 들은 많은 이들을 감동시켰습니다. 그는 신중하고 침착하여 함부로 의견을 말하거나 과시하듯 논쟁을 펼치지는 않았으나 부처님의 법을 펴는 일에는 때와 장소를 가리지 않고 어떻게든 기회를 만들어 열정적으로 불법을 전하곤 했습니다.

부루나는 교단에 있는 제자들 중 그 누구보다 많은 교화를 했는데, 그가 설법을 할 때의 태도는 점잖고 상대에 맞게 이야기를 꺼냈습니다. 또한 아무리 어려운 진리라도 알아듣기 쉽게 말했고 법을 깊이 알고 설법을 하므로 어떤 부분에서도 막힘이 없었습니다. 그리고 황당한 공격적인 질문에도 사랑하는 마음으로 대중을 감싸 안았습니다. 그래서 불법에 대하여 고집스럽게 반발하며 외면하던 사람들도 그의 설법을 들으면 유순해졌다고 합니다. 부루나존자가 불법이 전해지지 않은 지방에서 포교를 위해 설법을 하는 모습을 본 비구들은 감탄하여 그에게 물었습니다.

"존자가 설법을 할 때 처음에는 쓸쓸한 분위기도 두세 번만 설법을 하면 사람이 많이 모이고 훈훈한 기운이 돌아 마치 무성한 숲처럼 생기가 돌고 그곳 사람들의 마음이 평화로워지며 법을 믿고 따르려는 열의가 생기니 아마 부처님을 빼놓고 존자처럼 설법하는 분은 없으신 것 같습니다. 어떻게 그런 덕이 생기셨습니까?"

"나도 어떤 힘이 있어서 그런지는 모릅니다. 다만 설법하기 전 반드시 부처님께 기도를 드립니다. 부족한 내가 어떻게 사람들을 감동시킬 수 있겠습니까. 다만 그들이 감동하는 것은 오직 부처님과 부처님의 진리를 깨달았기 때문일 것입니다. 나는 수천 수만의 중생들이 부처님과 부처님 법 앞에 합장하고 무릎을 꿇고 귀의하는 것을 볼 때 감격의 눈물을 흘립니다. 그리고 간절하게 기도합니다.

부처님이시여, 부디 그들에게 믿음과 큰 힘을 주소서."

말년에 이르러 존자는 고향으로 돌아가 불법 포교에 전념하고 싶다는 뜻을
부처님께 아뢰고 명심해야 할 점을 일러 주기를 간청합니다.

"부루나여. 만일 수나파란타 사람들이 그대를 비난하고 비방한다면

어찌하겠는가?"

"부처님이시여, 그때는 이 나라 사람들이 모두 착한 사람들이라서 나를 때리지 않고 비방만 하는구나 하고 생각하겠습니다."

"만일 그들이 주먹으로 때린다면 어찌하겠는가?"

"부처님, 그렇다면 이 나라 사람들이 모두 착해서 나를 막대기로 때리지 않고 주먹으로 때리는구나 하고 생각하겠습니다."

이렇게 그는 사람들이 막대기로 때리면 칼로 찌르지 않음을, 칼로 찌르면 죽이지 않는 것을 고맙게 생각한다고 대답을 합니다. 설령 죽임을 당한다 해도 그 뜻을 굽히지 않겠다는 부루나의 대답에 감동을 받으며 부처님은 말씀하셨습니다. "훌륭하구나. 훌륭하구나! 부루나여. 그대는 수나파란타에서 잘살 수 있을 것이다. 부루나여 지금은 너의 생각대로 행함이 올바르다. 그대의 그 마음을 변하지 않고 포교한다면 수많은 사람들에게 법을 전할 수 있을 것이다."

사람들에게서 감동을 이끌어 내야 합니다. 감동을 이끌어 내야지 불법은 쇠퇴하거나 끊이지 않고 오래 갑니다. 감동이 없는 종교는 죽은 송장이 염불하는 것과 같습니다. 감동의 불교를 이끌기 위해서는 끊임없이 수행하고, 자신을 계발하여 시대를 읽고 항상 새로운 마음을 유지해야 합니다. 내면을 들여다 보아 자신을 속이지 말고, 다른 생각을 품는 내면을 스스로 두려워하고, 부끄러워하며, 꾸짖어야 합니다.

회향

회향은 회전취향(廻轉趣向)의 줄인 말입니다. 자기의 선근 공덕을 다른 중생이나 또는 불과(佛果)에 돌려 향한다는 뜻입니다. 자신의 선근 공덕을 돌려 중생을 이익 되게 하거나, 깨달음의 문으로 들어가고 오게 하는 대자비의 보시가 회향입니다.

수행을 해서 깨달음을 얻었거나, 기도로써 소원성취의 문턱을 넘어서 빛을 받았다면 그 받은 것을 돌려 중생과 세상에 돌려줘야 합니다. 우리가 고통스럽고 불행한 것은 마음을 변화시키지 못하고 돌려주지 못해서 나쁜 일들이 끊이지 않고 일어나는 것입니다. 마음을 선(善)하게 긍정적으로 변화시켜서 나눠주고 돌려준다면 불행은 멈추고 행복한 일들이 꽃필 것입니다. 나의 욕심으로 꼭 쥐어 놓지 않고 돌려주지 않기에 불행의 그림자가 다가오는 것입니다.

인생은 지금의 행복한 삶이나 불행한 삶이 어느 한 곳에 고정되어 있지 않고 시간과 공간을 받아들여 돌고 돕니다. 행복한 시절이 다가오면 나의 행복한 날들이 평생 지속될 것으로 알고 믿고 싶습니다. 불행한 날이 찾아오면 아니, 찾아오지 않기를 바라고 얼른 지나쳐 가기를 바라며, 끊임없이 찾아오는 불행에 자신의 인생에 회의를 느끼며, 시·공간이 멈추기를 간절히 바랍니다. 그러나 내 바램의 기도에도 인생은 돌고 돌아 어느 한 지점으로 멈춰섭니다. 죽음입니다. 중생들은 죽음을 두려워합니다. 죽음 앞에서 큰 고통을 만나게 되는데 놓고 돌려주는 회향의 마음이 없으면 깜깜하고 무서워 두려워합니다. 그러나 회향의 마음이 있으면 편안한 마음으로 맞으며 다음 생의 획기적인 영상이 떠올라 옵니다.

인생의 법칙이 우리가 살고 있는 지구처럼 돌고 돌기 때문에 어느 한 곳에 머물지 못한다고 생각해봅니다. 우리는 우연하게 둥근 모습을 좋아하고, 둥근 모양을 많이 그려내는 것 같습니다. 둥근 것은 모나지 않아 편안하여 안정되고, 많은 무리들이 하나의 존재라는 인상을 줍니다. 별들이 둥근 모양을 가진 것도, 우주가 둥근 것도 돌고 돌아 머물지 않고 변화하는 것이 모든 사물과 진리의 법칙인 것 같습니다. 깨달음을 둥그런 일원상에 비유하는 자체도 동그라미 안에 만물의 이치가 스며들어 있기 때문입니다. 그래서 둥그렇게 돌려 향하는 회향은 중요하고 위대한 사실이며, 인생을 잘 마치는 일입니다.

『대승의장(大乘義章)』에 3종 회향을 말합니다.

첫째, **중생회향(衆生廻向)**: 자기가 지은 선근 공덕을 다른 중생에게 회향하여 공덕의 이익을 주려는 불보살의 회향이 그것입니다.

둘째, **보리회향(菩提廻向)**: 자기가 지은 온갖 선근을 회향하여 보리의 과덕(果德)을 얻으려고 하는 것입니다.

셋째, **실제회향(實際廻向)**: 자기가 닦은 선근 공덕으로 무위적정(無爲寂靜)한 열반을 구하는 것입니다. 실제회향에는 왕상회향(往相廻向)과 환상회향(還相廻向)이 있는데, 왕상회향은 자기가 모든 선근 공덕을 중생에게 베풀어서 함께 정토에 왕생하기를 원하는 것이며, 환상회향은 정토에 왕생한 뒤에 다시 대비심을 일으켜 이 세계에 돌아와서 중생을 교화하여 함께 불도에 들게 하는 것입니다.

불자들이 기도를 마치고 회향을 합니다. 안거를 마치고 회향법회를 갖습니다. 불사를 원만히 이루고도 회향을 합니다. 회향을 할 때에는 재물이나 법을 보시하여 회향의 마음을 같이 나누고자 합니다. 나에게 있는 것을 남에게 주지만 회향은 결국 나를 위하는 것입니다. 나의 업장을 녹이려는 것이고, 내 수행의 긍정적 끝을 보려고 하는 것이며, 내가 이루고자 하려는 불법을 원만히 이루고자 하는 행복의 교훈이자 가르침입니다. 행복한 삶은 바로 회향을 잘 하는 사람입니다. 우리들은 회향을 할 때 기쁨을 느끼며 행복해 합니다. 회향은 끝이 아니라 시작하는 마음으로 다시 태어나 둥근 일원상을 그려내는 것입니다.

천일기도나 십년결사를 마치고 대중들에게 회향을 하였더라도 회향했던 마음을 내려놓고 또 다시 시작을 하는 것입니다. 지쳐 떨어지는 수행자와 계속해서 열정을 불태우는 수행자의 차이는 회향입니다. 회향으로 다시 수행으로 가는 길목에서 힘을 얻는 것입니다. 회향을 살펴보면 만 수행이 갖추어져 있습니다. 회향을 잘하는 것이 불도를 이루는 것입니다. 석가모니 부처님은 처음 중생 모두가 불성을 가지고 있다는 대작불사의 시작으로 수많은 명언과 법으로써 중생을 교화시키고 이익을 주며 말년에 자등명 법등명(自燈明 法燈明)이란 진리의 회향을 통해 영원한 행복인 열반에 드신 것입니다.

회향은 나누는 마음입니다. 기쁨을 나누고 행복을 나누면서 더불어 동참하는 것입니다. 안에서 끓어오르는 시기와 질투를 버리고 아름다운 회향을 같이 나누는 것입니다. 그래서 적게 나누면 적게 돌아오고, 크게 나누면 크게 돌아오는 것이 회향의 이치입니다.

우리들은 회향을 해야 합니다. 중생에게 회향을 해야 합니다. 중생을 위해 널리 공덕과 불과(佛果)를 돌려 줘야 합니다. 중생에게 줄 수 있는 것은 모두 다 돌려주어야 합니다. 모두 돌려주는 것이 『화엄경』의 십회향입니다.

「십회향품(十廻向品)」에 이르면 "보살마하살은 모든 부처님의 회향을 닦아 배워야 하며, 그것이 일체중생을 널리 구제하는 일이다"고 설법을 합니다. 보살마하살의 열 가지 회향은 이러합니다.

첫째는 일체중생을 구호하면서도 중생의 상을 떠난 회향(구호일체중생이상회향救護一切衆生離相廻向).

둘째는 무너트릴 수 없는 회향(불괴회향不壞廻向).

셋째는 모든 부처님과 동등한 회향(등일체제불회향等一切諸佛廻向).

넷째는 모든 곳에 이르는 회향(지일제처회향至一切處廻向).

다섯째는 다함이 없는 공덕장 회향(무진공덕장회향無盡功德藏廻向).

여섯째는 일체 모두 평등한 선근에 들어가는 회향(입일체평등선근회향入一切平等善根廻向).

일곱째는 일체 중생을 평등하게 따라 주는 회향(등수순일체중생회향等隨順一切衆生廻向).

여덟째는 진여 모습의 회향(진여상회향眞如相廻向).

아홉 번째는 속박도 집착도 없는 회향(무박무착해탈회향無縛無着解脫廻向).

열째는 법계에 들어가는 무량회향(입법계무량회향入法界無量廻向).

이런 법의 회향은 나와 남을 구제하고 이익 되게 하는 것은 수승하고 중요하지만 우리의 일상생활에서 벌어지는 가슴 따뜻한 장기기증 생명나눔의 회향은 쉽게 선택되어 지는 것은 아닙니다. 중생들은 나라는 것이 강하게 자리 잡고 있기 때문입니다. 우리들의 삶은 희로애락입니다. 생로병사와 희로애락의 사이에서 우리들은 광대의 칼날 같은 외줄타기를 하는 것입니다.

어떤 날은 중심을 잡지 못해 이리저리 허공에 손짓하다 떨어져 다치기도 하고 죽기도 하며, 원하는 대로 멋진 외줄타기가 잘 되어 사람들로부터 환호와 박수를 받는, 그날의 컨디션에 따라 즐겁고, 슬픈 희로애락으로 삶을 이어나가다가 마지막 인생 무대에서 자기 몸의 모든 것을 남을 위해 회향하는 장기기증은 아름다우며 숭고합니다.

우리들은 얼마든지 회향을 할 수 있습니다. 복과 공덕을 돌려 회향을 시작할 때 우리 사회는 풍성해지고, 재능을 돌려 회향을 하면 우리들은 꿈을 가집니다. 내가 가지고 있는 모든 것을 나누고 회향할 때 정답 없는 인생에 올바른 답을 선사하며 인생에서 밝은 빛을 바라볼 것입니다. 회향을 하지 못하는 것은 이리 저리 재어보는 습관 때문입니다. 크면 큰대로, 작으면 작은 대로 회향하는 습관을 가지면 서로 나누고 이해하며 건설적이며 창조적인 인생과 사회를 가꿔나갈 수 있습니다.

『관음경』을 의지하여 관세음보살 일심칭명인 관음선을 제창하였습니다. 관음선 수행에 신심, 원력, 정진과 수행방법, 수행에 의해 나오는 불과(佛果)를 설명하여 관음선 수행을 이해하기 쉽고, 수행의 성취를 이끌어 나가는 방법을 설명하여 마지막 단락에는 회향으로 마무리를 지었습니다.

수행은 순수하면서 담백해야 합니다. 천진하면서도 강한 의지가 있어야 합니다. 밀어붙이는 패기가 있어야 합니다. 신심, 원력, 정진은 수행에서 둘째가라면 서러울 정도로 중요한 사항입니다. 이중에서 특히 중요하다고 뽑을 수 있는 것은 바로 신심입니다. 바른 신심은 중요합니다.

보살의 실천 덕목인 육바라밀에서 첫 번째 나오는 바라밀이 보시바라밀입니다. 보시바라밀은 기본이면서 보살수행의 골수이며 뼈대입니다. 보시가 없는 보살은 보살이라 할 수 없으며 대승의 수행자라고 자처할 수도 없는 보살의 족보가 보시바라밀입니다. 이렇듯 보시가 중요하듯이 수행에 있어서 신심은 수행자의 밑천이며, 수행을 완성하는 보약이기 때문입니다. 신심이 바로 선다면 바로 붓다의 아들이 되는 것입니다. 붓다의 아들은 사자 새끼입니다. 붓다의 아들은 결국 세속을 버리고 수행을 하러 절에 들어오고, 사자 새끼는 도시에서 살지 못하고 밀림으로 돌아옵니다. 그래서 확고한 신심이 선다면 그는 언젠가는 붓다가 되는 것입니다.

이제 우리는 신심을 바로 세워야 합니다. 결국은 마음입니다. 과학과 문명과 문화가 나날이 발전합니다. 상상을 초월할 정도로 발전하지만 그들의 귀결점은 마음이란 말입니다. 최고조로 발달한 첨단 과학과 기술은 결국 한계가 올 것이고 과학과 기술의 개인주의와 물질만능의 자본주의에 인간들은 회의감이 밀려들 것입니다. 지금도 천천히 진행되고 있으면서 인간들을 잠식해갑니다.

인간의 세계는 정신과 물질의 세계로 이루어졌습니다. 보이는 물질과 보이지 않으면서 세상을 이끌어가는 정신, 마음의 세계입니다. 이중

하나만 없더라도 우리는 이 세상에 존재할 가치가 없는 것입니다. 지금 인간들은 물질이 발전하여 물질에만 최고의 가치를 부여합니다. 정작 중요한 세상을 움직이고, 이끌어가는 마음세계, 나의 중심인 영혼을 무시하고 서서히 잃어버리는 것입니다. 그렇게 되면 우리들은 죽은 송장과 다름이 없다는 이야기입니다. 마음이 없고 물질만 가득한 황폐해진 세상은 반란을 일으키고 인간들은 절규할 것입니다. 그때서야 마음의 중요성을 알고 세상은 다시 뒤바뀌기 시작합니다. 인간들이 마음의 중요성을 알지 못하더라도, 물질과 마음의 균형이 깨지기 시작하면 괴이한 사건 사고들이 즐비하게 만들어집니다. 지금 시대가 바로 물질과 마음의 균형이 깨져버린 시점입니다.

이제 신의 세계를 넘어 마음의 세계로 관심과 이목을 돌려야 합니다. 우리들이 결국 완성되어야 할 것은 물질이 아니라 마음이라는 것입니다. 지구인들의 종착역은 물질의 왕국이 아니라 마음을 올바로 알고 쓰며 버리는 자성을 이해하고 깨달으려는 붓다의 영원한 동반자 보살입니다. 인간으로 보살을 생각하고 보살이 붓다를 생각하고 행동하는 거시적인 마음의 시대가 오고 있습니다. 다가오는 마음의 시대에 일심칭명의 관음선과 관음명상은 여러분들을 확실한 마음의 세계로 이끌고 마음의 보배인 진공묘유를 빼어나게 이끌어내어 대광명의 세상을 보게 될 것입니다.

부록

관음(觀音) 프로그램 - 빛과 소리의 마음 회복

좌선 자세를 만들어주십시오. 몸에 힘을 빼고 편안하게 하십시오. 당신 주위에 있는 허공에 몸을 맡겨 보십시오. 그리고 코로 들이마시고 내뱉는 복식 호흡 3, 4회를 통해 몸 안의 나쁜 기운을 내보내십시오. 이제 조금은 편안해 지셨을 것입니다.

자! 이제 눈을 감아보십시오. 빛과 소리를 통해 당신의 내면인 마음으로 들어가 보겠습니다. 조금 더 깊숙이 들어가 지극히 고요한 마음을 회복하여 행복과 평화 속에서 깨달음을 맛보려고 합니다.

이제 땡 소리와 함께 집중을 합니다.

땡~~~!

힘들고 어려웠던 일, 시기와 질투로 나의 아름답고 거룩한 마음을 지치게 했던 일, 화를 냈던 일, 몸이 아파 고통 속에서 외롭게 신음했던 일, 남을 원망하는 마음, 무자비심, 인생을 살면서 힘들었던 사건들, 나의 행복을 위해 남을 괴롭혔던 일들, 급하고 헐떡거렸던 조급증, 괴롭고 서러워 슬프게 울었던 일, 자신을 절제하지 못했던 수많은 사건과 사고들 그 밖의 모든 죄와 허물을 들이마시고 내쉬는 호흡 속에 내려놓고 버려버립니다. 남김없이 모두 버린다고 생각하십시오.

이제 당신의 마음은 아무것도 가지지 않는 텅 빈 허공이 되어버렸습니다. 하늘의 허공처럼 고요하고 한가롭습니다.

땡~~~!

이제 당신의 귀로 소리가 들려올 것입니다. 관세음보살 범음성으로 3·4회 그렇습니다. 이 소리는 염불이지만 저 우주의 진공 속에 퍼져있고 스며들어 있는 신령스럽게 빛나며 태양처럼 이글거리는 아름답고 장엄한 당신의 본 모습입니다. 귓전에 들려오는 관세음보살은 마음에 항상 들려오는 자비스러운 붓다의 메아리입니다.

관세음보살 범음성으로 3·4회…

이제 좀 더 깊숙이 들어가 내면에 만들어진 길을 따라 마음여행을 해보겠습니다.

코로 호흡을 깊이 들이마십니다. 그리고 입으로 내뱉습니다. 이제 당신의 마음속으로 들어왔습니다. 텅 빈 공간에 길게 뻗은 길이 이어져 있는 것이 보일 것입니다. 편안하게 보이는 그 길을 가볍게 걷습니다.

이제 "관세음보살~"을 소리 내지 않고 무음으로 입만 벌려 끊임없이 불러봅니다. 마음 안에 울려 퍼지는 소리를 따라 길게 뻗은 오솔길을 만납니다. 그리고 힘차게 걸어갑니다.

따뜻하고 안온한 어머니 같은 바람이 하늘에서 불어와 나에게 다가옵니다. 주위에 피워난 이름 모를 꽃들도 자비스러운 바람에 답변을 합니다. 새들은 아름다운 소리로 상쾌하게 지저귀며 마음속의 주인공이 된 나를 반깁니다.

당신은 악마의 마음, 시기 질투의 마음, 강한 이기심, 불평불만의 마음, 무자비한 마음, 부정적인 마음을 뒤로한 채 한 걸음 한 걸음 내딛으면서 마음속으로 깊숙이 들어갑니다.

앞으로 조금 걷다보니 뒤로한 악한 마음들이 유혹을 합니다.

'제발 나를 버리지 마!'
'난 그대를 도와 당신을 제일로 만들어놓았잖아.'
'나를 두고 가면 가만두지 않을 거야.'

그들은 갖은 유혹과 협박을 하며 애원을 합니다. 그러나 당신은 굳은 마음으로 두 번 다시 돌아보지 않고 마음여행을 위해 다시 발을 내딛습니다. 악마의 마음들은 곧 휑하니 자취가 없이 사라져 버렸습니다.

걸어라~ 걸어라~ 있는 힘 다해서 걸어라
모든 유혹 뿌리치고 마음속을 향해 나가라
그곳에는 아름다운 연꽃 속에 보석이

아! 자성관음 가까이 선 그대여!

당신의 마음이 한결 가벼워지고 환희심이 일어날 것입니다. 잡념이 사라지고 맑고 시원한 마음이 눈앞에 드러나 정신과 육체도 한결 맑고 시원해졌습니다.

땡~~~!
관세음보살(칭명염불) 소리를 내어 관음염불을 하여 보십시오. 눈은 밖을 보려하지 마시고 안을 보려고 하십시오. 염불을 하면서 나의 내면을 놓치지 마십시오. 나의 염불소리가 어디서 나오는지 돌아보십시오.
내가 내는 소리가 결코 혓바닥에 달려 있지 않음을 아셨을 것입니다.

땡~~~!
이제 입으로 하는 염불을 멈추시고 마음과 생각으로 관세음보살 일심칭명을 해보십시오. 간절하고 정성껏 명호를 떠올려보십시오. 생각생각 끊이지 않게 해서 관세음보살 명호를 이어 나가십시오……
집중을 하십시오. 다른 곳에 정신을 팔지 마십시오. 오로지 집중과 정성을 들여 생각생각 끊이지 않게 해서 한 덩어리를 만들어 내십시오. 칭명을 하면서 나를 쳐다보십시오. 나는 누구입니까?

땡~~~!

자! 정성을 들여 관세음보살 일심칭명을 해보십시오. 조금 더, 간절히 갓난아이는 오로지 엄마를 의지합니다. 그리고 엄마를 잃어버리면 애타게 찾듯이 관세음보살을 애타게 불러봅니다…… 애타게 불러봅니다.

이제 당신의 마음은 지극히 고요하여 옳은 생각도 어떠한 잡념도 끼어들 수 없이 성성적적합니다.

몸과 마음을 관세음보살 일심칭명에 맡깁니다. 지극히 고요한 당신의 마음에서 신령스러운 빛이 샘솟듯 하나하나 피어올라옵니다. 점점 더 많아지고 그 빛들은 합쳐져 연꽃이 되기도 합니다.

땡~~~!

조금 더 깊이 들어갑니다. 이제 혼자가 아니라 염불하는 그 소리를 끌어들여 같이 들어갑니다.

마음속으로 따라하십시오. "관세음보살~~~" 나의 염불소리는 허공을 가르고 우주 속으로 들어갑니다. 생각이 뚝 하고 끊어지고 딱 하니 터져버리며 광활한 우주에 두루한 관음진신의 아름답고 웅장한 자금색 대광명과 합쳐집니다.

내 자성관음의 광명도 마음속에서 피워 올라 이글거립니다.

어두울 때는 관세음보살과 내가 둘이였지만 지금 밝아지니 관세음보살과 내가 다르지 않습니다.

나는 이제 황소처럼 고집스러운 아집을 버리고 세상을 환히 밝히는 자성관음을 발현하였습니다.

욕심과 화를 내는 마음과 어리석음이 사라지고 모두를 사랑하는 자비와 지혜의 광명이 충만한 인간관음으로 다시 태어난 것입니다.

땡~~~!

오디오 장경각

※ 전화 문의도 가능합니다(02-2632-8739)

서옹 스님(前 조계종 종정) 설법

• 벽암록 강의
  MP3용 CD 3장 : 30,000원

지유스님(금정총림 범어사 방장) 법어

• 달마대사 혈맥론
  MP3 CD 1장(90分用 * 7個) : 20,000원
• 수심결
  CD(8個入 교재포함) : 50,000원

일타 스님(前 조계종 원로의원) 법문

• 해인삼매법문
  테이프(60分用 * 4個入) : 15,000원
• 영원으로 향하는 마음(원효대사 – 發心修行章)
  테이프 (60分用 * 10個入 교재포함) : 30,000원
  MP3용 CD 2장(교재포함) : 20,000원
• 보살의 길(대승불교의 心地戒)
  테이프(60分用 * 6個入) : 20,000원
• 시작하는 마음(보조국사 – 誡初心學人文)
  테이프(90分用 * 12個入 교재포함) : 35,000원
  MP3 CD 2장(교재포함) : 20,000원

청화 스님(前 성륜사 조실) 육성법문

• 안심법문
  테이프(60分用 * 10個入) : 30,000원
• 청화대종사 법어
  테이프(60分用 * 4個入) : 15,000원
• 원통불교의 요체
  테이프(90分用 * 30個入 교재포함) : 75,000원
  MP3 CD 3장(교재포함) : 30,000원

각성 스님(화엄학회 회주) 강의

• 원각경(서울 불교 전문강당 강의)
  테이프(90分用 * 12個入) : 35,000원
  MP3용 CD 2장 : 20,000원 (MP3用 2CD)
• 금강경 오가해(서울 불교 전문강당 강의)
  테이프(90分用 * 16個入) : 45,000원
  MP3 CD 3장 : 30,000원
• 정선 선문염송
  테이프(90分用 * 24個入 교재포함) : 70,000원

통광 스님(前 칠불사 회주) 강설

• 전심법요(조계종 기본선원 강의)
  테이프(60分用 * 4個入 교재포함) : 12,000원
  MP3용 CD 1장(선교결 포함) : 10,000원
• 선가귀감
  테이프(90分用 * 12個入) : 35,000원
  MP3용 CD 1장 : 20,000원
• 정선 선문촬요(불교경전연구회 강의)
  MP3용 CD 3장(교재포함) : 35,000원
• 경덕전등록
  MP3 CD 2장 : 20,000원
• 돈오입도요문론, 증도가
  MP3용 CD 2장(교재포함) : 25,000원
• 수심결, 진심직설, 증도가
  MP3용 CD 3장 : 30,000원
• 동다송(禪茶의 고전)
  테이프(60分用 * 5個 교재포함) : 15,000원
  MP3DYD CD 1장(다신전 포함) : 10,000원

고우 스님(조계종 원로의원) 강의

- **백일법문 대강좌**(성철스님의 명저)
  mp3용 CD 2장 : 20,000원

- **선요**(조계종 기본선원 강의)
  테이프(120分用 * 12個入) : 35,000원

- **서장**(조계종 기본선원 강의)
  테이프(120分用 * 30個入) : 75,000원
  MP3용 CD 3장 : 30,000원

- **육조단경**(불교경전연구회 강의)
  테이프(120分用 * 12個入) : 35,000원
  MP3용 CD 2장 : 20,000원

- **선요 특강**(불교경전연구회 강의)
  테이프(120分用 * 12個入) : 35,000원
  MP3용 CD: 20,000원(2개)

- **금강경 3가해**(상) - 六祖, 冶父, 宗鏡스님 어록
  테이프: 60,000원 (120分用 * 20個入, 교재포함)
  MP3용 CD: 30,000원(3CD, 교재포함)

- **간화선 특강**(조계종간화선 입문 프로그램)
  테이프(90分用 * 12個入) : 35,000원
  MP3용 CD 2장 : 20,000원

- **육조구결 금강경 대강좌**(상) : 육조혜능 선사 해설
  테이프(60分用 * 20個 교재포함) : 60,000원
  MP3 CD 2장(교재포함) : 25,000원

무관 스님(前 해인승가대학 강주)

- **도서**: 教와 禪의 融會(서울 불교 전문강당)
  테이프(90分用 * 8個入) : 25,000원

- **절요**: 頓과 漸의 揀擇(서울 불교 전문강당)
  테이프(90分用 * 8個入) : 25,000원

우룡 스님(울산 학성선원 조실) 강설

- **금강경 대강좌**
  테이프(90分用 * 14個入) : 40,000원

- **선요 대강좌**
  테이프(60分用 * 24個入) : 60,000원

- **서장 대강좌**
  테이프(60分用 * 30個入) : 70,000원

무비스님(前 조계종 교육원장) 경전 강의 음성 법문

- **묘법연화경 대강좌**(문수경전연구회 강의)
  테이프(90分用 * 31個入) : 75,000원
  MP3용 CD 3장 : 30,000원

- **금강경 강의**
  테이프(90分用 * 12個入) : 35,000원
  MP3용 CD 2장 : 20,000원

- **유마경 산림**(상) – 전국비구니회 초청
  테이프(110分用 * 6個入 교재포함) : 25,000원
  MP3용 CD 1장(교재포함) : 15,000원

- **임제록 대강좌**(문수경전연구회 강의)
  테이프: 60,000원 (90分用 * 19個入 교재포함)
  MP3용 CD: 25,000원 (2장, 교재포함)

- **永嘉玄覺大師 증도가 강의**
  테이프(90分用 * 10個 교재포함) : 30,000원
  MP3용용 CD 2장(교재포함) : 20,000원

- **三大**(신심명 증도가 대승찬) 禪詩 특강
  MP3용 CD 1장(40分用*13個) : 20,000원

- **서장**(서울 불교 전문강당 강의)
  테이프(90分用 * 10個入) : 30,000원

- **승찬**(僧璨) 대사 신심명 강의
  테이프(90分用 * 6個入 교재포함) : 20,000원
  MP3용 CD 1장(교재포함) : 10,000원

지운 스님(前 동화사 강주)

- **원각경**(조계종 기본선원 강의)
  테이프(90分用 * 20個入)入 : 50,000원
  MP3용 CD 3장 : 30,000원

- **대승기신론**(조계종 기본선원 강의)
  MP3용 CD 3장 :30,000원

지오스님(前 해인사 강주)

- **기신론 강의**(조계종 기본선원 강의)
  테이프(60分用 * 12個入) : 35,000원

- **치문경훈**(서울 불교 전문강당 강의)
  테이프(90分用 * 12個入) : 35,000원

- **선요**(서울 불교 전문강당 강의)
  테이프(90分用 * 8個入) : 25,000원